了不起的
中国高铁

沈姚铭◎著

朋友们，准备出发啦！

帅帅的高铁，
等等我！

海峡出版发行集团 THE STRAITS PUBLISHING & DISTRIBUTING GROUP 福建少年儿童出版社 FUJIAN CHILDREN'S PUBLISHING HOUSE

序：千组动车，万里高铁；交会融合，通达天下

　　高速铁路作为一种现代交通方式，过去的几十年中，在世界不少国家都得到了迅猛的发展。尤其是中国高铁，虽然它起步较晚，但后来居上，一跃成为世界龙头，并通过建立"中国标准"来引领世界高铁的发展。从 2007 年第一列"和谐号"动车组上线运营，到 2021 年底全国动车组总量超过 4000 标准组，从 2008 年我国第一条时速 350 千米的高铁——京津城际铁路开通，到 2021 年底全国高铁运营总里程突破 4 万千米，中国高铁正以惊人的速度，在改善人们出行条件的同时，推动着我国向更加现代化、智能化的方向发展。

　　千组动车，万里高铁；交会融合，通达天下。中国高铁是一个庞大、复杂的联动系统，它囊括了车务、工务、电务、车辆等多个部门，涉的知识领域非常广泛。正是因为无数铁路科研工作者及生产技术人员的努力，中国高铁才取得了如今斐然的成绩。

　　不过，对于大众来说，高铁很近又很远。中国高铁几乎已经覆盖了我国全部大中型城市，甚至成为一部分人通勤、通学的日常交通工具。但是，不少人对于高铁的了解还非常有限，这当中的原因很多，其中之一就是缺乏有趣的、易被大众接受的高质量高铁科普作品。

　　今日的中国高铁，已经是我国面向世界的一张"黄金名片"。在让世界惊叹于中国高铁先进技术的同时，也非常有必要让大众进一步地了解高铁，让高铁技术与高铁科普同时进步。如果能够有更多优秀的科普作品出现，传播高铁技术软知识，提高大众对于高铁的整体认识水平，那么这对于在世界上打好中国高铁这张牌是非常有利的。因此，作者沈姚铭撰写的科普作品《了不起的中国高铁》可以

说是恰逢其时。

　　沈姚铭请我作序时，我感到些许惊讶。作为一名博士研究生，他在繁忙的学习和科研工作之余，还能挤出时间完成本书的写作实属不易。经过交流，我了解到他对于铁路"浅知识"和"深知识"的看法，以及他渴望在两者之间找到平衡点的想法。要想把铁路知识做到深入浅出，是一件非常不容易的事情。沈姚铭是一名铁路爱好者，并且在本科及研究生阶段都攻读了铁路专业，兴趣与专业的驱动使他产生了进行铁路科普的想法。在此背景下形成的科普作品不仅在表达方式上能够做到通俗易懂，在内容上也能保证严谨准确，这样一来，科普的真正目的也就更容易达到了。

　　《了不起的中国高铁》一书用简洁生动的语言、优质的铁路摄影照片、形象的漫画插图，将中国高铁的建设、运营、管理等多方面内容展现在读者眼前。该书知识内容准确，结构布局合理，是一部难得的优秀高铁科普作品。我国高铁是如何建造的？高铁是如何运营管理的？动车组是如何运用与维修的？高铁究竟给我们带来了什么？诸如这些关于高铁的最基本的常识问题，都能够在本书中找到答案。

　　本书不仅适合作为少年儿童了解我国高铁基础知识的课外读物，对于成年人来说，也是一本非常不错的铁路知识科普读物。希望该书出版后，能够让更多人以此为媒介，知晓中国高铁的一些关键技术和知识，了解过去十几年我国在高铁领域取得的丰硕成果。

北京交通大学交通运输学院

林柏梁 教授

2023 年 1 月

CONTENTS
目录

第二章　高铁出发了

高铁真厉害

第三章　高铁长大了

高铁真厉害

高铁好神秘

第四章　高铁有个梦

高铁真厉害

高铁好神秘

中国高铁了不起!

中国高铁带我飞!

第一章
高铁诞生了

如果将时间往回推 30 年，
在 20 世纪 90 年代，
中国火车的平均时速不到 50 千米，
人均铁路里程约 5 厘米，还没一根铅笔长。

经过近二十年来的奋力拼搏，
中国高铁从零起步，
取得了从无到有、从有到多、从多到优的成果。
现如今，在中国高铁上，

每天都有数不清的动车组列车，
像银龙一般，在中国大地上穿
云破雾，贴地飞行。

从大江大河到戈壁沙漠，
从高寒冻土到热带雨林，
中国高铁创造了运营里程世界第一、
运营速度世界第一、
高铁列车数量世界第一等多项世界纪录，
中国高铁开启了"风时代"。

短短不到 20 年的时间，
中国高铁从追赶者成为领跑者，
跑在了世界最前面。

悠悠高铁线，壮美大中国。
在这里，让我们展开这流动的画卷，
来看一看中国高铁诞生的伟大奇迹吧！

高铁真厉害

1 八纵八横八万里，世界领先称第一

在我们祖国广袤的大地上，交织着一张世界上最大的高铁网，它由 8 条纵向和 8 条横向的高速铁路主通道构成，同时还密密麻麻分布着许多其他高铁子通道。它有一个非常响亮的名字，叫作"八纵八横"。

从地图上看去，我国的"八纵八横"高铁网纵横交错，宛如雄鸡身体中偾张的血脉。"八纵八横"高铁网中的 16 条高铁主通道是我国的 16 条交通"大动脉"，而每一条高铁子通道就像"毛细血管"一样，不断向周围延伸、扩张。"八纵八横"高铁网将我国的众多城市串联起来，并为它们的发展注入充满活力的血液，共同编织出了东方大陆上的奇迹。

铁路知识局

"八纵"通道分别是：沿海通道、京沪通道、京港（台）通道、京哈—京港澳通道、呼南通道、京昆通道、包（银）海通道、兰（西）广通道。

"八横"通道分别是：绥满通道、京兰通道、青银通道、陆桥通道、沿江通道、沪昆通道、厦渝通道、广昆通道。

坐上如银龙般的动车组列车，在热血沸腾的高铁"动脉"中飞驰。用不了一天，厌倦了人潮如海的北京上班族早上出门，晚上就能跳进昆明美丽的花海；只用两集动画片的时间，嘴馋的上海小朋友就可以来到杭州西湖边吃东坡肉。

冬季的松花江上，雾气升腾，云蒸霞蔚，一列动车组穿云破雾，飞过松花江，神秘而曼妙。（刘慎库/摄）

争当世界第一的中国高铁

　　每一天，数不清的高铁列车搭载着许许多多的人抵达各式各样的城市。据统计，把中国的高速铁路都连起来，可以达到8万多里（4万多千米），这长度可以绕地球赤道一圈。

　　中国高铁到底有多牛，看看下面这些"世界第一"你就知道了！

铁路知识局

在我国，什么样的铁路可以称为高铁？

　　按我国标准，高速铁路主要指设计运行时速250千米以上，初期运营时速200千米以上的客运列车专线铁路。

高铁运营里程世界第一

截至 2022 年底，我国高铁运营里程达到 4.2 万千米，把其他国家的高铁里程加起来，还不到我国的一半。

高铁运营速度世界第一

我国高铁的运营速度是世界最高的，可以达到每小时 350 千米，而其他国家高铁的运营速度一般在每小时 320 千米以下。

高铁运营网络通达水平世界第一

我国高铁跨越大江大河、穿越崇山峻岭、通达四面八方，高铁运营网络已经覆盖了全国绝大多数大中型城市。

高铁动车组数量世界第一

截至 2022 年底，我国铁路动车组数量达到了 4194 标准组，这样的规模是其他任何一个国家都难以企及的。

列车运行安全性世界第一

截至 2021 年 6 月底，我国高铁已累计安全运行 92.8 亿千米，相当于绕地球赤道 23.2 万圈，中国高铁也成为世界公认最安全的高铁。

2 铁路六次大提速，一次更比一次快

　　快看，火车"嗖"地一下就开过去了，是不是可快了呢！为了提高火车的运行速度，我国铁路从 20 世纪末开始一共进行了六次大提速。在不断提速的过程中，列车和线路也得到了改造和升级。接下来就让我们一起来看看，在这六次铁路大提速中，都发生了什么吧。

第一次大提速

　　1997 年 4 月 1 日零时，我国铁路实施了第一次大提速，京广、京沪、京哈三大干线列车最高运行速度提高到每小时 140 千米。铁路还开行了"夕发朝至"旅客列车和货运"五定"班列。

　　"夕发朝至"旅客列车让火车变成了一座"移动宾馆"，旅客只需晚上在列车上舒舒服服地睡上一觉，第二天一早就能够到达目的地。货运

提速后的直达特快列车（罗春晓／摄）

"五定"班列是一种模仿旅客列车模式的货物列车，它让铁路货物运输变得更快速、更便捷。

第二次大提速

1998 年 10 月 1 日零时，我国铁路实施了第二次大提速，增加了"夕发朝至"旅客列车和快速列车的数量，还开行了最高运行时速为 160 千米的旅客列车。

这次大提速提高了全国火车的平均运营速度，越来越多人享受到了火车提速带来的便利。此外，铁路还首次开行了旅游直达列车和专门运输包裹的行包专列，人们外出游玩变得更加方便，小件货物运输也变得更加快捷。

第三次大提速

2000 年 10 月 21 日零时，我国铁路实施了第三次大提速，提速对象主要是陇海、兰新、京九、浙赣等干线铁路。这次大提速之后，我国东西部地区的时空距离被进一步缩短，西部地区的发展也驶入了快车道。

第四次大提速

2001 年 10 月 21 日零时，我国铁路实施了第四次大提速。在这次大提速中，京九、京广、浙赣、沪杭、哈大等铁路列车的运行速度进一步提升，铁路提速线路的延展里程达到了 13000 千米。

第五次大提速

2004 年 4 月 18 日零时，我国铁路实施了第五次大提速，增开了 19 对最高运行时速为 160 千米的 "Z" 字头直达特快列车。列车在运行途中大多一站不停，直达终点。铁路部门更是为京沪直达特快列车打出了"千里京沪，一夕跨越"的宣传广告。

第六次大提速

2007年4月18日零时，我国铁路实施了第六次大提速，京沪、京哈等干线铁路列车的最高运行速度达到了每小时200~250千米。并且从这天起，我国铁路正式开行了"和谐号"动车组列车，中国铁路从此进入了动车时代。

经过六次大提速，我国铁路运输原本"速度慢、车厢挤、设施差"的局面得到了彻底的改变，"快速、舒适、安全、经济、方便"已成为中国铁路的新标签。

3 京津城际，中国第一条时速 350 千米的高铁

2005 年 7 月 4 日，我国第一条真正意义上的高速铁路——京津城际铁路开工建设。2008 年 8 月 1 日，在北京奥运会开幕前夕，京津城际铁路正式开通运营。这是我国第一条最高运行时速为 350 千米的高速铁路，同时也是世界上运行速度最快的高速铁路。京津城际列车按响的第一声风笛，奏响了中国高铁时代的序曲。

京津城际铁路由北京南站出发，经天津站至滨海站（含京津城际铁路延伸线），全长约 166 千米，设置 7 个站点。

"速度 350，京津一线连"，京津城际铁路的开通，刷新了人们对铁路的认知。要知道，即使是现在，我国普通绿皮火车的运行速度也不会超

正在飞驰的京津城际列车

过每小时 160 千米，而在当时很多老旧的铁路上，列车的最高运行速度还达不到每小时 100 千米。京津城际高铁列车的最高运行速度达到了每小时 350 千米。一列长度近 200 米的高速列车以时速 350 千米运行时，仅需要两秒钟，便能从我们的眼前呼啸而过。

京津城际铁路开通后，北京、天津两地的通行时间由原来的两个多小时缩短为半个小时，而且每隔几分钟就有一趟高速列车开行，既快捷又方便。

大运量、高密度、公交化的京津城际铁路，让北京和天津连成了一体，也让两座城市的人们像居住在同一座城市那般方便。买菜、上班、找好朋友玩……这条便捷的高铁让在两地的人们变得更加亲密。

京津城际铁路，汇集了当今世界高速铁路的最新科技成果，标志着中国已经系统地掌握了运行时速 350 千米的高铁建造技术，在中国高速铁路建设中具有示范作用，在中国铁路发展史上有里程碑的意义。

4 京沪高铁，两地迢迢千里远，贯通南北一杯茶

"银龙出京一路奔，转瞬之间入津门。齐鲁皖苏须臾过，品茗到沪尚存温。"你能猜到这首诗描写的是我国哪一条高速铁路吗？对啦，它就是京沪高铁！

京沪高铁是新中国成立以来一次投资规模最大、技术标准最高的国家重大战略交通工程，也是当时世界上一次建成线路最长、标准最高的高速铁路。

京沪高铁北起北京市，南到上海市，全长约 1318 千米，设计时速 350 千米，全线连通北京、天津、河北、山东、安徽、江苏、上海四省三市，共设置了北京南、南京南、上海虹桥等 24 座车站。

轮轨列车 vs 磁悬浮列车

早在 20 世纪 90 年代，就有人提出要在北京和上海之间修建一条能

京沪高铁列车正跨越 307 国道。（贺程/摄）

让火车跑得更快的铁路，但新建高速铁路的花费过大，所以也有人提出改造既有京沪铁路。考虑到京沪铁路沿线是我国经济发展的龙头地区，有巨大的旅客出行和货物运输需求，所以铁路部门最后决定新建一条标准更高、速度更快的高速铁路。

那么究竟该修建什么形式的高铁呢？磁悬浮高铁好像是个不错的选择，因为列车悬浮在轨道上，

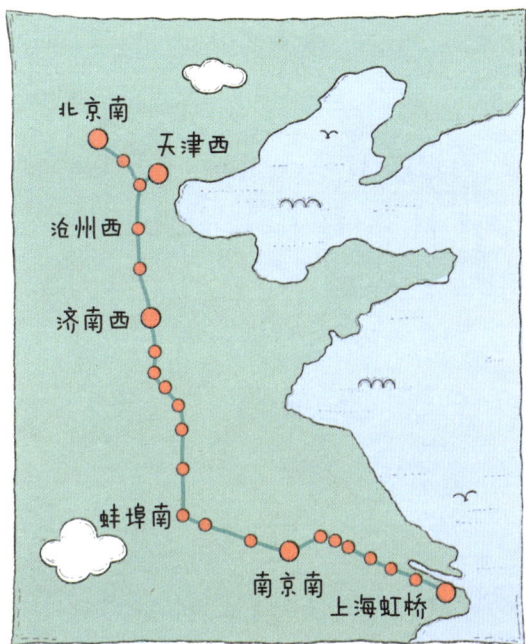

京沪高速铁路线路示意图

运行时受到的阻力很小，时速可达 600 千米以上。但是磁悬浮高铁造价高昂，修建技术也十分复杂。另一个选择是轮轨式高铁，这种形式的高铁通过对车轮和钢轨进行技术升级，列车运行时速可达 400 千米，造价较低。磁悬浮高铁和轮轨高铁到底谁更优秀？在经历长达 8 年的比拼后，我国决定采用轮轨技术来修建京沪高铁。2008 年 4 月 18 日，京沪高铁正式开工建设，2011 年 6 月 30 日全线开通运营。

世界高铁看中国，中国高铁看京沪

京沪高铁的建设在多个方面都有着重大的创新，赢得了"世界高铁看中国，中国高铁看京沪"的美誉。

京沪高铁运用了世界先进的铁路建造技术，同时我国还为它研发了新一代 CRH380 系列"和谐号"动车组，并配备了世界先进的列车运行控制系统。

"复兴号"动车组通过北京中轴线。（刘慎库/摄）

京沪高铁跨江大桥——南京大胜关长江大桥（罗春晓/摄）

夸夸京沪高铁上的桥

对于京沪高铁，不得不说的还有"桥"。京沪高铁上的桥，多达200多座，桥梁总长度占线路总长的80%以上，其中丹昆特大桥的长度惊人，达到了164.85千米。大地飞虹，桥桥相连，整个京沪高铁，就像是一座巨大的桥。京沪高铁因此而节约用地3万多亩呢，相当于3000多个标准足球场那么大！

京沪高铁，中国最繁忙的高铁

京沪高铁所经区域的人口大约占全国人口的1/4，所经过的24座城市中，城区人口在100万以上的就有11座。京沪高铁的出现，大大缩短了人们外出工作、学习、探亲的时间，也大大缩短了人与人之间的心理距离。

京沪高铁到底有多繁忙呢？它的发车间隔最短只有4分钟，最高日发送旅客79.8万人次。2021年6月30日，京沪高铁迎来了它10周岁的生日，在这10年里它累计安全运送旅客13.5亿人次，相当于中国所有人口都迁徙了一次；全线累计开行列车近120万列，累计行程超过15.8亿千米，相当于绕地球赤道跑了近4万圈。

京沪高铁将原本近20个小时的乘坐时间压缩到了约4个小时，乘客只需要泡一杯茶、看两部电影，就能够完成两地之间的旅行，让"千里京沪一日还"成为现实。

5 哈大高铁，打破高铁的极寒禁区

　　你知道吗？高铁和我们一样，也是会怕冷的。当环境温度过低时，高铁就无法正常工作。在我国东北地区，却有一条不畏严寒的高铁，它就是哈大高速铁路。

　　哈大高铁北起黑龙江省哈尔滨市，南至辽宁省大连市，全长约921千米，列车最高运行时速300千米，全线共设置了哈尔滨西、长春西、大连北等22座车站。

　　2007年8月23日，哈大高铁开工建设，并于2012年12月1日开通运营。

低温极寒，高铁禁区

　　我国东北地处高纬度寒冷地区，最冷的时候气温达到 −40℃ 以下，可谓是滴水成冰。根据最近30年的气象记录，东北三省全年最大温差达

动车组飞驰在哈大高速铁路上。（罗春晓／摄）

冻胀： 在自然界中，水是仅有的一种在降温结冰后，体积不仅不会缩小，反而会增大的物质。低温环境下，路基内的水结冰后体积增大，会挤压周围物体，此时挤压产生的力就是冻胀力。当冻胀力超过路基的承受范围时，会让路基膨胀、隆起。而到了春季，天气暖和、气温升高，坚硬的冻土就会融化，从而体积缩小。

80℃左右，是我国最为寒冷也是温差最大的地区。

极寒环境对于高铁线路和动车组来说都是极大的挑战。在低温降水环境中，水分会渗透进轨道下方的路基并结冰膨胀，导致路基"冻胀"，破坏路基结构。同时，这种环境还会让接触网、道岔等设备结冰，无法正常工作。

过低的温度还会引起动车组失控、刹车制动装置失灵、供水系统结冰瘫痪等故障，影响列车正常安全运行。所以在 2012 年以前，我国东北地区被贴上了"高铁禁区"的标签。

哈大高铁列车从雾凇中驶来。（刘慎库 / 摄）

攻坚克难，三省贯通

为了能够在"高铁禁区"开通高铁，我国在防止路基冻胀、接触网融冰、道岔融雪等多项技术上取得了丰硕成果，使得高铁线路在 −40℃的环境中也能够满足列车高速运行的要求。

在动车组技术上，我国专门研制了 CRH5G、CRH380BG、CR400BF-G等高寒抗风沙动车组，让列车在极寒大风环境中也能够正常运行。

哈大高铁跨过了沃野千里的东北黑土地，穿越了冰封万里的北国白雪原。乘坐哈大高铁列车，秋天你能够欣赏一片片金黄色的稻田，感受丰收带来的喜悦；冬天你能够饱览一幕幕银白色的雪景，体验风雪中的激情。哈大高铁的开通贯通了黑龙江、吉林、辽宁三省，这不仅大大缩短了城市间的时空距离，方便了人们的日常出行，也为东北地区的经济发展带来了机遇。

6 兰新高铁，创造了多个世界之最的高铁

在我国有一条穿越戈壁沙漠的高铁，它将西北地区连在一起，并且创造了多个世界之最，它就是花了 5 年时间建设，并于 2014 年 12 月 26 日全线开通运营的兰新高铁。

兰新高铁东起甘肃省兰州市，西至新疆维吾尔自治区乌鲁木齐市，线路全长约 1786 千米，是当时世界上一次性建成通车里程最长的高铁。兰新高铁共设置了兰州西、西宁、乌鲁木齐等 23 座车站，列车最高运行时速 250 千米。

纵贯大陆，创世界之最

兰新高铁穿越了安西、烟墩、百里、三十里、达坂城五大风区，是世界上穿越风区最长的高铁，经过的风区总长达到 580 千米。其中，百里风区和三十里风区的风力最为强劲，部分区段最大风速达到每秒 60 米，相当于 17 级大风。风区中不仅风力非常强劲，而且大风持续的时间也非常长，部分区段一年内甚至有近 200 天的风力都超过 8 级，呼啸的大风可以把树木连根拔起。这么大的风如果直接吹在列车上，能够直接将列车掀翻。

兰新高铁特有的防风明洞

为了解决大风带来的危害，兰新高铁沿线建设了大量的防风明洞和防风墙。防风明洞就像是一条隧道，列车在洞中运行不会受到大风的影响。防风墙就像是立在铁路边的一面围墙，它能够抵御大风，让列车在墙后面

兰新高铁动车组列车穿越祁连山下的油菜花田。（罗春晓/摄）

安全运行。

　　除了穿越漫长的风区，兰新高铁还要横穿我国内陆海拔最低的吐鲁番盆地，爬上巍峨陡峭的祁连山脉。在青海省东北部与甘肃省西部边境，有着绵延数千里的祁连山脉，这里的平均海拔超过 3000 米。为了穿越祁连山脉，兰新高铁修建了长达 16.3 千米的祁连山隧道，它的最高海拔超过 3600 米，是世界上海拔最高的高速铁路隧道，因此它也有"世界高铁第一高隧"之称。高铁列车奔驰在这高高的隧道里，就像在高空走钢索一般刺激。

　　穿过高山和戈壁，兰新高铁会到达美丽的新疆。在那里，吐鲁番的葡萄枝头挂，哈密的瓜儿美名扬，库尔勒的香梨人人夸，叶城的石榴顶呱呱！随着兰新高铁的开通，新疆现摘的瓜果只需一天就可以运输到祖国的天南海北。

　　兰新高铁让被风沙与高山阻挡的西北离我们不再遥远，张掖的七彩丹霞地貌、天下第一雄关嘉峪关、3000 年不死不倒的胡杨树正在向我们频频招手呢！

铁路知识局

兰新高铁创造的世界之最：
· 它是世界上一次性建成里程最长的高铁；
· 它是世界上第一条大范围穿越戈壁沙漠大风区段的高铁；
· 它是世界上海拔最高的高铁；
· 它拥有世界上最大的高铁防风工程；
· 它拥有世界上海拔最高的高铁车站（山丹马场站，海拔 3108 米）。

7 西成高铁，横亘蜀道上的中国高铁

蜀道有多难?

"噫吁嚱，危乎高哉！蜀道之难，难于上青天！"这句诗出自唐诗《蜀道难》，它是我国唐代诗人李白的代表诗作。诗句中的"蜀"指的是四川地区，而"蜀道"就是从古代长安（今西安）去往四川的道路。这句诗所要表达的意思，就是从长安去往四川的这条道路，实在是太难走了，简直比登天还难！

之所以说蜀道难，是因为在长安和四川之间有很多崇山峻岭，最著名的就是秦岭。秦岭山脉主脊的海拔多在 1500 ~ 3000 米，而主峰太白山的海拔更是高达 3771.2 米。对于古人来说，想要翻越这么高的山是非常困难的。长安到成都 1000 多千米的蜀道在我们现在看来并不是很远，而当时的人想要走完的话，可能要花几十天的时间。

1956 年，连接陕西宝鸡和四川成都的宝成铁路开通，人们可以乘坐火车出入蜀地，不过需要将近 15 个小时的时间，这在我们看来，蜀道还是有一点点"难"。不过不要着急，随着一条高铁的开通，蜀道之行终于

上剑门关，有种登天的感觉。

宝成铁路通车时的场景

列车行驶在西成高铁上。（张怡鹏/摄）

被加速啦!

蜀道上的高铁，来给蜀道加加速

2012 年 10 月 27 日，一条全新的"高铁蜀道"开工建设，它就是西成高铁。2017 年 12 月 6 日，在经历 5 年多的漫长修建后，西成高铁终于全线开通运营。

西成高铁北起陕西省西安市，南到四川省成都市，全长约 658 千米，设计时速 250 千米，共设置西安北、广元、剑门关、成都东等 24 座车站（包括 2 座越行站），是我国第一条穿越秦岭的高速铁路。

西成高铁开通之后，人们出入巴蜀地区就变得更加便捷了。高速疾驰的"复兴号"列车行驶在西成高铁上，大约只需要 3 个小时，就能够从西安到达成都。曾经通行难度堪比登天的蜀道，在中国高铁面前也只好乖乖顺服。

"高铁蜀道"上的"特殊"小站

想要在蜀道上修建高铁，可是一件非常困难的事情。到底有多难呢？让我们来看一下这座车站就知道了。

青川站，这是西成高铁上的一座中间小站，不过别看它小，它可非常"特殊"。青川站是我国唯一的一座站台和正线分离的高铁站，它的两条正线和所有的信号机、道岔都在隧道里面。从空中俯瞰青川站，你只能看到一个站台，以及两条用来停靠列车的到发线。

在修建西成高铁的时候，巍峨的高山占领了车站的地盘，如果想要在这个地方修建车站，就只能把它设置在隧道里，这无论对于施工还是之后的运营来说都非常麻烦。而我们智慧的

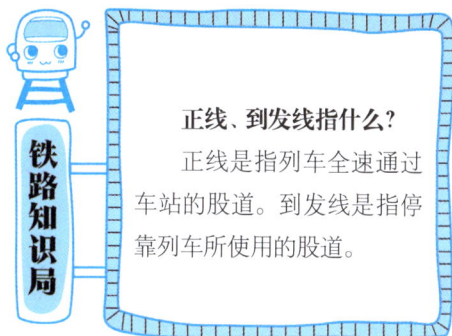

铁路知识局

正线、到发线指什么？

正线是指列车全速通过车站的股道。到发线是指停靠列车所使用的股道。

工程师想到了一个办法，就是将到发线都绕到正线的外面，然后在地形合适的地方设置站台，而正线则笔直地穿过隧道。这样一来，你在车站就只能看到一座站台和两条包围站台的到发线，却找不到让火车通过的正线了。

只有到发线的青川站

8 合福高铁，坐稳中国"醉美"风景线

　　在我国东部，有一条高速铁路因其沿线美丽的自然和人文风光，让旅客流连忘返，如痴如醉，它就是中国高铁中的颜值担当——合福高速铁路。

　　一路连三省，千里共合福。合福高铁北起安徽省合肥市，南至福建省福州市，全长约850千米，列车最高运营时速300千米，是我国第一条以时速300千米穿越山区的高速铁路。合福高铁全线有合肥南、黄山北、婺源、上饶、武夷山北、福州等24座车站，它把合肥至福州原本8个半小时的车程缩短至4个小时。

　　2009年12月，合福高铁开工建设，并于2015年6月28日开通运营。

大美江南，风景这边独好

　　沿着合福高铁一路向南，你会看到安徽黄山、皖南古村落、江西三清山、福建武夷山等19处国家级、省级风景名胜区，还有扬子鳄、黄楮林

"醉美"合福高铁（罗春晓／摄）

安徽黄山

福建武夷山

江西三清山

皖南古村落——宏村

高铁驶过的这些地方，你去过吗？

等 36 处自然保护区。其中，皖南古村落跻身世界文化遗产名录，江西三清山名列世界自然遗产名录，而安徽黄山、福建武夷山更是世界文化与自然双重遗产地。在中国，享有"世界文化与自然双重遗产"美誉的地方只有 4 个，其中的 2 个就在这一条高铁沿线。

最美的风景在路上。"登黄山，天下无山"，奇松、怪石、云海、温泉堪称"黄山四绝"；武夷山，曲曲山回转，峰峰水抱流，境内现有物种十分丰富的生态系统，生长着 3000 多种植物，7000 多种野生动物；三清山，东险西奇，北秀南绝，人外有人，山外有山，不到三清山，不算游过山；婺源、西递、宏村，中国最美乡村，望得见山，看得见水，记得住乡愁，是多少游客心中的梦想之地。

攻坚克难架高铁

合福高铁的建设花费了近6年的时间，由于沿线地质条件复杂，穿越地貌单元多，施工起来十分困难。其中，部分大桥和隧道的建设更是难上加难，甚至创造了世界之最。

跨西岭互通特大桥

铜陵长江公铁大桥（罗春晓／摄）

跨西岭互通特大桥，全长1236.1米，跨越福州市三环路辅道、三环快速路、峰福铁路、昌福铁路、西岭互通、铜盘路辅道等道路，并位于最高层。

不是啦！

他们是在夸我吗？

铜陵长江公铁大桥公铁合建段长6032.8米，是目前已建成的世界最大跨度的公铁两用斜拉桥。

9 海南环岛高铁，坐上动车组转圈圈

　　火车在地面跑，轮船在海上跑。但你可听说过火车坐着轮船跑？这也太神奇了吧！在我国的海南岛，火车真的是坐着轮船漂洋过海的。

　　海南岛四周环海，和我国大陆之间隔着一道琼州海峡，所以要把动车组开上海南岛可不是一件容易的事情。为了能够让动车组登上海南岛，就需要让它们"乘船"。动车组会在广东省徐闻粤海铁路北港被装上轮船，漂洋过海来到海南省海口粤海铁路南港。

动车组被装上轮船。

　　2010 年 10 月 14 日，一列"和谐号"CRH2A 型高速综合检测列车从粤海铁路南港码头缓缓驶下轮船，标志着动车组正式开上了海南岛。

　　2021 年 1 月 31 日，"复兴号"CR300AF 型动车组通过轮船，也来到海南岛上，这是"复兴号"动车组首次出现在海南岛。

会转圈圈的动车组

你还记得在游乐园里坐着小火车转圈圈时的场景吗？如今这种场景在高速铁路上也能够找到啦！在我国的海南岛上，开通了一条环形高速铁路——海南环岛高速铁路。海南环岛高铁不仅是中国首条环岛高铁，也是全球第一条环岛高铁。

海南环岛高铁全长约 653 千米，分为东环段和西环段，其中东

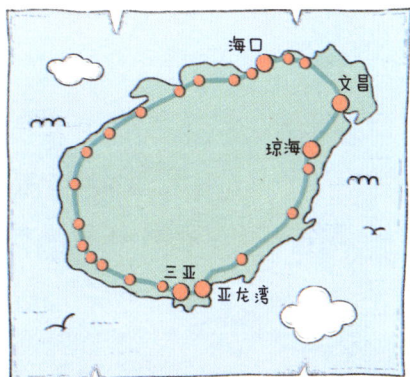

海南环岛高铁线路示意图

环段全长约 308 千米，西环段全长约 345 千米，全线共设置海口、三亚、文昌等 26 座车站，列车最高运行时速 250 千米。

坐上动车组列车，只需不到 5 个小时，你就能够零位移游览海南岛沿海 600 多千米的热带风景，真正体验一把"起点即是终点"的感觉。

请注意！如果你买到一张起点站和终点站相同的高铁票，千万不要

登上海南岛的"复兴号"动车组

动车组运行在海南环岛高铁上。

以为这是一张错票，这是一张可以环游海南岛的观景列车票。乘坐这趟列车，沿途尽是蓝天、白云、大海和沙滩，所有美景尽收眼底。

还在等什么？快来海南体验一下坐着动车看美景、转圈圈的奇妙感受吧！

坐上全球第一条环海岛高铁，去天涯海角寻找诗和远方！

热带海滨风光迷人，来一次爱一次！

10 京张高铁，聪明绝顶的高铁

在高铁家族的成员中，京张高铁是目前最聪明的一个。它带领我国高铁进入了智能化时代。

京张高铁包括了一条主线以及崇礼、延庆两条支线。主线全长约174千米，共设置北京北、清河、张家口等10座车站。崇礼铁路全长约52千米，线路自下花园北站分出，终到太子城站。延庆支线全长约9千米，线路自八达岭西线路所分出，终到延庆站。京张高铁主线列车最高运行时速可达350千米。

2016年4月29日，京张高铁全面开工建设。2019年12月30日，京张高铁主线和崇礼铁路开通运营。2020年12月1日，延庆支线开通运营。

智能京张，领跑全球

京张高铁最厉害的本领就是列车能自动驾驶，这是智能动车组在世界上首次实现时速350千米有人值守自动驾驶商业运营。只需按下按钮，列车就可以自动发车、自动驾驶、进站自动减速停车、自动开门等。

此外，京张高铁智能动车组还首次采用了我国自主研发的北斗卫星导航系统，由"北斗"来为列车运行保驾护航。

铁路知识局

北斗卫星导航系统是什么？

截至2022年，在我们的上空，运行着45颗北斗人造卫星，包括30颗北斗三号卫星和15颗北斗二号卫星，这些卫星统称为北斗卫星导航系统，用于地面物体的精准定位。

全球目前只有4个卫星导航定位系统，分别是中国的北斗卫星导航系统、美国的全球定位系统、俄罗斯的格洛纳斯卫星导航系统、欧盟的伽利略卫星导航系统。

除了智能化的列车，京张高铁中还有很多其他的智能"黑科技"。例如，在铁路建设中，京张高铁采用了智能化建造技术，设计人员提前用计算机对建造过程进行智能模拟，来保证建造过程万无一失。

在铁路运营中，京张高铁实行了电子客票，旅客来京张高铁乘车甚至不需要出示身份证或二维码，直接刷脸就可以进站。在京张高铁沿线的车站内，还有多种智能机器人为乘客搬运行李，帮助乘客实现站内导航。在乘车体验上，京张高铁智能动车组的车厢内具有灯光自动调节、温度智能控制等功能，车厢内还覆盖了 5G 高速移动网络，让我们在乘车的同时感受到高铁带来的智能与便捷。

服务奥运，服务社会

京张高铁是我国的一条奥运高铁。作为北京 2022 年冬奥会的重要配套工程，京张高铁连接了北京、延庆、张家口三个奥运赛区。京张高铁上的太子城站，还是世界上首座建在奥运村中的高铁站，这让奥运会参赛选手以及观众的出行变得更加方便。

京张高铁更是我国的一条民生高铁。从前，人们开车从北京到张家口至少需要 2 个小时，乘坐普速列车则需要 3 个多小时，而现在坐上京张高铁智能动车组，最快仅需 40 多分钟。京张高铁开通后，北京与河北、内蒙古等地的联系得到了加强，人们的出行也变得更加方便快捷，这也给城市的经济发

老京张铁路青龙桥车站（罗春晓／摄）

展注入了新的动力。

　　100 多年前，中国"铁路之父"詹天佑主持修建的那条京张铁路让当时的世界为之震惊；100 多年后的今天，中国修建的这条京张高速铁路作为中国高铁的一张响亮名片，再次让世界为之震撼。

新一代京张高铁（罗春晓／摄）

专为北京 2022 年冬奥会打造的，5G 自动驾驶智能"复兴号"列车行驶在京张高铁的居庸关隧道。（刘慎库 / 摄）

高铁好神秘

1. 什么是高铁，什么是动车？

我们在探秘中国高铁之前，首先要能够分清楚，到底什么是高铁，什么是动车。

你是不是觉得，高铁就是车次以字母"G"开头，最高运行时速在300~350千米的列车，而动车就是以字母"D"开头，最高运行时速在200~250千米的列车？哈哈，如果你这样认为的话，可就被一些"流言"给误导了哟。接下来我们就做一回"流言终结者"，来看看二者的区别吧。

动车，全称是"动车组"，它是火车的一种形式。普通火车都是由机车（火车头）和车辆（车厢）构成，所以俗话说得好："火车跑得快，全靠车头带。"不过这句话在动车组上可不适用，因为动车组不一定只是车头有动力，中间的一些车厢也可能有动力。动车组是一种自带牵引动力、编组固定的列车，它通常由很多节动力车和拖车构成。动力车就是带有运行动力的车厢，它不需要机车牵引，自己就能够在轨道上跑起来；拖车则没有运行动力，需要被动力车推或拽着向前跑。

高铁，全称为"高速铁路"，它不是单指高速行驶的动车组列车，而是指整个高速铁路系统。除了动车组外，高铁还包括高速铁路车站、轨道、桥梁、隧道、调度指挥、通信信号、供电系统、旅客服务，甚至包括环境保护。

曾经的"火车一响，黄金万两"，现在已经变成了"高铁一响，黄金万两"。作为一种现代化的交通方式，高铁具有运量大、占地省、能耗低、污染小等优势，已经成为越来越多人出行的首选，同时也为各地的经济

动车组列车奔驰在高架桥上。（罗春晓／摄）

发展注入了蓬勃动力。而动车组作为高铁上最重要的运输工具，在炫酷长相和飞快速度的加持下，俨然成了人们心目中的"大宝贝"。

2. 世界上第一条高铁诞生在哪里？

要解开世界上第一条高速铁路的身世之谜，我们得先回到 20 世纪 50 年代的日本。当时，日本的经济迅速发展，而东海道本线作为日本铁路的大动脉，运输的旅客和货物一天比一天多，这也逐渐让东海道本线忙得喘不过气。

与此同时，日本还在着手申办第 18 届夏季奥运会，这也对日本的交通设施提出了更高的要求。因此有人提出要新建一条等级更高、列车运行速度更快的客运干线铁路，也就是新干线。

日本富士山下的东海道新干线

　　于是在 1959 年 4 月 20 日，东海道新干线举行了开工仪式。1964
年 10 月 1 日，在东京奥运会开幕前夕，东海道新干线开通运营。与新干
线铁路一起亮相的，还有新干线 0 系电力动车组，它的外观和当时的普
通火车大不相同，采用了更加时髦的"子弹头"设计，列车跑起来受到的
空气阻力更小，速度更快。

　　东海道新干线东起于东京站，西至新大阪站，线路全长 515.4 千米，
共设置 17 座车站。在东海道新干线开通初期，列车最高运行速度就达到
了每小时 200 千米，远远超过了当时世界上其他国家火车的速度。目前，

东海道新干线列车的最高运行速度已经提升到了每小时 285 千米。

　　东海道新干线的开通，让世界第一次见识到了高速铁路，并感受到了它所带来的便利，众多国家也从此踏上了发展高速铁路的道路。

3. 其他国家的高铁列车长什么样子？

　　目前，世界上有 20 多个国家开通了高速铁路。除了我国以外，其他国家的高铁列车都长什么样子呢？快来看看吧！

（1）西班牙

　　西班牙拥有多种不同型号的高铁列车，它们大多由西班牙联合其他国家共同制造，最高运行时速可以达到 300 千米。

西班牙高铁

（2）日本

日本高铁使用新干线动车组，列车的种类超过 20 种，最高运行时速 320 千米。新干线列车由于其出色的质量而闻名世界，因此也被出口到世界多个国家。

日本新干线列车（罗春晓/摄）

（3）德国

德国高铁使用的是 ICE 动车组，它的最高运行时速为 300 千米。

德国 ICE 列车

（4）法国

法国高铁使用的是 TGV 动车组，它采用了动力集中和铰接式转向架的设计，最高运行时速 320 千米。

法国 TGV 列车

（5）韩国

韩国高铁使用 KTX 动车组，列车最高运行时速 305 千米。

韩国 KTX 列车

4."和谐号"和"复兴号"有什么不一样?

亲爱的小读者,让我来考考你:你能说出如今在我国的高速铁路上,都有哪两种赫赫有名的动车组吗?你说是"和谐号"和"复兴号"?没错,就是它俩。"和谐号"和"复兴号"作为我国的两大动车组车型,可谓是名扬天下,无论是在国内还是在国外,只要一提到中国高铁,人们首先想到的就是它们。

不过,同样都是动车组,为什么有些列车叫作"和谐号",而有些列车却叫作"复兴号"呢?它们之间有什么区别吗?

不一样的"血统"

"和谐号"和"复兴号"虽然都是动车组,但是它们骨子里流的"血液"是不同的哟!

"和谐号"动车组的发展,很大程度上依赖于从国外引进的技术。我

"和谐号"动车组(罗春晓/摄)

国早期的"和谐号"动车组包括了 CRH1、CRH2、CRH3 和 CRH5 这四大类。其中 CRH1 型动车组的技术引进于加拿大庞巴迪，CRH2 型动车组的技术引进于日本川崎重工，CRH3 型动车组的技术引进于德国西门子，而 CRH5 型动车组的技术引进于法国阿尔斯通。

在引进这四大动车组技术之后，我国的工程师对它们进行了消化、吸收，同时加入了我们自己创新的技术，这才形成了目前种类繁多的"和谐号"动车组。可以说，"和谐号"动车组既流淌着我国工程师的心血，同时也拥有国外高铁列车的基因。

"复兴号"动车组可就不一样啦，它是完全由我国自主研发生产、具有完全自主知识产权的中国标准动车组。

什么叫作中国标准动车组呢？它是指在动车组的制造中，绝大多数的标准都是由我国自己来制定的动车组。我们的中国标准对动车组品质提出的要求，可是远高于日本和欧洲标准呢。所以说，在这个标准下生产出来的动车组，性能更加优越，质量更加可靠。

"复兴号"动车组（罗春晓/摄）

"复兴号"根据不同的技术要求和速度等级，目前已经形成了CR400、CR300和CR200三种不同系列的动车组。从天寒地冻的北方雪原，到酷热难耐的热带雨林，从山清水秀的东海之滨，到大漠孤烟的荒凉戈壁，你都可以看到"复兴号"的身影。

哪天要是有机会向外国朋友介绍"复兴号"列车的时候，你可以拍着胸脯十分自豪地说："你看，这是我们中国自己的动车组，世界上只有中国才能造得出这么优秀的动车组！"

"复兴号"是"和谐号"的升级版

除了"血统"不同外，"复兴号"还是对"和谐号"的一次全面升级，甚至是一种突破。

"和谐号"动车组的使用寿命大都在 20 年左右，对于第一批上线的"和谐号"来说，它们没多久就要面临"退休"了。而"复兴号"采用了更加先进的技术，它们的使用寿命可以达到 30 年。

在车体的结构上，"复兴号"不仅身形曲线更优美，车厢的密闭性能也更好。这完美的身材让"复兴号"受到的空气阻力更小，跑得更快。当列车进入隧道的时候，我们的耳朵也不会感觉到难受。

在列车的功能上，"复兴号"也更胜一筹。与"和谐号"相比，"复兴号"列车上有更多的检测器，一旦列车某些部位出现了故障，它可以进行"自我诊断"并及时报警。可以说，没有谁比"复兴号"自己更了解自己了。同时，部分"复兴号"还拥有世界先进的自动驾驶功能，只需按下按钮，列车自己就能够跑起来。

不过，即使"复兴号"这么先进、这么牛，我国的高铁同样也离不开"和谐号"。目前，我国铁路上有超过一半的动车组是"和谐号"，它们穿梭在全国各地，与"复兴号"一起，把旅客平安送达目的地。

5.为什么高速铁路都是全封闭的?

我国的高速铁路都是全封闭的,沿线设置了严密的防护围栏或者防护墙,防止闲杂人员或动物进入线路。那么你知道为什么要对高速铁路实行全封闭吗?

闯入高速铁路真的太危险了!

在高速铁路上,当列车时速达到 350 千米时,运行 100 米仅需要约 1 秒。如果有人在高铁列车驶来的时候穿越铁路,即使上一秒列车还在很远的地方,下一秒可能就已经开到了面前。人一旦和列车发生碰撞,无疑像是拿起鸡蛋碰石头。

另外,我国的高速铁路都是电气化铁路,铁路上的接触网电压高达 27.5 千伏,无关人员在不采取安全防护的情况下进入高速铁路,很有可能造成触电事故。

封闭的高速铁路(罗春晓/摄)

所以，为了避免事故的发生，将高速铁路封闭起来，是一个很好的办法。

高铁设备可不能轻易触碰！

普通人对铁路设备往往缺乏认识，可能会随意摆弄甚至破坏设备。

在高速铁路上，动车组、轨道、信号机等所有设备都是高速铁路正常工作的重要组成部分，任何设备的故障都会影响列车的正常运行。

只有将高速铁路实行全封闭，防止无关人员或动物进入，才能尽可能地保证高速铁路设备不受破坏。

6. 为什么高速铁路大多建在桥上？

高速铁路的建造和普速铁路不同，即使地面十分空旷平坦，高速铁路也几乎都被架在桥上，你知道这是为什么吗？

减小线路的弯曲程度和坡度

高速铁路线路需要尽可能平直，避免出现小半径的弯道和陡峭的坡道，因为这会影响列车的运行速度、安全性以及平稳性。把高速铁路建造在桥上，能够让高铁线路尽量保持平直，列车运行起来也就更加安全平稳。

减少线路地基沉降

如果把高速铁路直接修建在松软的地面上，列车频繁运行过后，铁路的形状容易发生变化，轨道会变得凹凸不平，这被称为路基沉降。

高铁桥梁的桩基会被打入地下几十米深的岩石层，那里的地质结构非常坚硬，能够把桥梁牢牢地固定在大地上。即使列车运行得再快、列车数量再多，高铁桥梁也能够稳稳地站住，桥面始终像冰道一样平顺光滑。

减少对土地的占用

在我国，土地是十分宝贵的资源，而铁路的修建非常占用土地。通过架设桥梁，可以很大程度上缓解高铁对土地资源的占用。

就拿京沪高铁来说，线路中桥梁占比达到了 80% 以上，相比直接在地面修建高速铁路，这种方法节约了用地 3 万余亩，如果这些土地都能用来耕种的话，相当于一年可以多收获几千万斤粮食！

拔地而起的高铁桥梁

7. 动车组的车头为什么 要设计成"子弹头"的样子？

细心的你一定发现了，越是跑得快的动车组，它的车头就越长越尖，像是一颗出了膛的子弹。你知道这是为什么吗？

头型采用"子弹头"式设计的动车组（罗春晓/摄）

把动车组的车头设计成"子弹头"的样子可不是为了好看，而是为了减小列车运行时受到的空气阻力。对于高速行驶的动车组来说，空气阻力是阻碍列车运行的最大敌人，它就像是在车头前面推着列车一样，不让列车向前运行。

"子弹头"式的车头可以让空气从列车的头顶和两侧顺畅地滑过，有效地减小车头所受到的空气阻力，从而使列车能够以更快的速度行驶。

目前，我国"和谐号"和"复兴号"动车组的车头普遍采用了头型系数较大的"子弹头"式设计。而这一特点在日本、西班牙等国家的高铁动车组上更加明显。例如，日本 E5 系新干线列车的车头就采用了极长的扁宽型设计，就像鸭子的嘴巴。

铁路知识局

头型系数： 指的是列车车头前端鼻形部位的长度与车头后部车身断面半径的比值，也就是车头的长细比例。动车组的车头越长，头型系数也就越大。

8. 列车进入隧道时，耳朵为什么会觉得难受？

列车在经过隧道的时候，我们的耳朵会有一种压迫感，一些乘客甚至还会出现耳鸣。为什么会出现这种情况呢？

列车穿越隧道，就类似于把针筒橡皮塞推进针管，做活塞运动的过程。

当列车驶入隧道时，车头就开始挤压隧道内的空气，使气压急剧增加，并向前传递，形成压缩波。压缩波到达隧道出口处后，大部分会反射回隧道，形成膨胀波。当列车完全进入隧道时，车尾产生的负压会低于大气压，同样也会在隧道内产生膨胀波。

压缩波和膨胀波在隧道内高速传播，引起隧道内气压和风速的剧烈变化，这会导致隧道内和列车内产生气压差。对于气密性能比较差的列车来说，车内气压也会随之快速发生变化。

我们人耳的鼓膜对周围环境气压的变化十分敏感，当鼓膜内的气压无法与车厢内部的气压同步变化时，就会出现耳朵有压迫感、耳鸣等不适症状。

动车组驶出长吉城际铁路盘道岭隧道的瞬间，真是别有洞天。（刘慎库／摄）

　　列车在穿越隧道时，我们可以通过打哈欠、嚼口香糖、吞咽口水等方法，来减小耳朵内外部环境的压力差，从而缓解不适。

9.乘坐高铁时为什么不用系安全带？

平时在乘坐汽车和飞机的时候，我们都会被要求系好安全带。但是，在运行速度高达每小时 350 千米的高铁列车上，我们不用系安全带，也找不到安全带，这是为什么呢？

原来，高速铁路线路大都是笔直的，坡度很小，轨道采用的是具有高平顺度的无缝钢轨，所以列车在运行过程中十分平稳，车厢晃动和颠簸的幅度很小。

而且在每一列高铁列车上，都有一位技术精湛的高铁司机。在高铁司机的平稳操纵下，车厢内的乘客甚至都感觉不到列车的启动和停车。

另外，动车组的座椅采用的都是安全防撞座椅。当列车受到冲击或紧急制动时，旅客撞向前部座椅，座椅会通过变形来抵消旅客受到的一部分冲击力，从而为旅客提供一定的安全防护。

据说，在高速运行的中国高铁上，连硬币都能够平稳立住，你试过吗？不得不说，我们的高铁真的是："老铁，稳啊！"

都怪高铁太稳了！

安全带，怎么你也下岗了？

10. 为什么坐在高铁上 感觉不到列车开得那么快?

乘坐过高铁的人，都会有这样的感觉：坐在车内望向窗外时，感觉列车开得远没有我们认为的那么快；而在车外看行驶中的列车时，觉得它的速度像子弹出膛一样快。这到底是什么原因呢？其实呀，这主要是因为眼睛在"欺骗"我们。

在普速铁路的两侧，一般都种植了很多大树，当我们从车窗向外看去的时候，由于大树离我们很近，所以我们会感觉它们在飞快地向后移动，造成一种列车运行很快的错觉。但是高铁线路的周围往往都是十分空旷的，建筑物离我们很远，这时即使列车速度很快，我们也感觉不到远处的物体在向后快速移动。

除了眼睛在"欺骗"我们，感觉高铁列车开得没那么快的另一个重要原因，就是列车实在是太平稳了。高铁列车在运行的时候，我们几乎感觉不到车体的抖动，所以车窗外的景色看上去也就更加清晰，这就让我们感觉列车开得并不快。相反，当我们乘坐在颠簸的汽车上时，我们的视线会变得模糊，这时候我们会产生一种汽车开得很快的错觉。

11. 高铁害怕打雷吗❓

打雷会影响高铁正常运行吗？如果雷电击中了动车组，我们会受到伤害吗？

我们都知道，动车组是在钢轨上运行的，而钢轨是一种良好的导体，可以看作一种接地材料，所以雷电即使击中列车也会被立刻导入大地，不会对列车造成严重的后果。

铁路知识局

"**法拉第笼**"指导体的外壳对它的内部起到"保护"作用，使它的内部不受外部电场的影响。这种现象称为静电屏蔽。

此外，动车组的车体是由铝合金、不锈钢等金属材料制成的，整个车厢就是一个金属外壳，它在雷电环境中会形成类似"法拉第笼"的效果，可以有效地隔绝车厢外的电场和电磁波干扰，产生静电屏蔽的效果。所以即使有雷电劈中了动车组，车内的旅客也会安然无恙。

吃我一电！

走你！不疼不痒！

虽然动车组不怕雷电，但是高铁上的信号、供电等设备需要防雷。2011年7月23日，雷电击中了甬温线部分铁路线路上的信号设备，使得信号显示出现错误，最终导致两列动车组发生追尾事故。

为了避免高铁线路设备受到雷电的影响，让高铁在雷雨天气中的安全运行更有保障，设计师们已经采取了很多措施，比如安装避雷器，加强对雷电的监测预警等。

12. 为什么不能在铁路边放风筝？

放风筝是一项十分有益于身体健康的体育活动，每当春天来临，很多小朋友就会来到郊区的旷野上享受放风筝带来的乐趣。但是你知道吗？风筝可一定不能在高速铁路边放哟！

在高速铁路轨道上，悬挂着电压高达27.5千伏的接触网，这是大多数列车运行动力的唯一来源。

如果风筝等飘浮物落在接触网上，就有可能导致接触网短路，出现跳闸断电的情况。一旦接触网停了电，高速铁路上的所有动车组就失去了运行动力，这是相当危险的。

另外，动车组的受电弓也非常脆弱。受电弓是列车车顶连接接触网的设备，它帮助列车从接触网中获取电能。列车在高速行驶时，正常工作的受电弓如果和接触网上的异物发生碰撞，十分容易导致受电弓变形甚至折断。

为了能够方便快速地清除接触网上的异物，一种拥有强大"火力"的新型"激光炮"应运而生。

这种"激光炮"，学名叫作激光异物消除器，外形长得像一台摄像机。当接触网上挂有异物的时候，作业人员只需将"激光炮"对准异物，并发射激光，就能快速加热异物，使其燃烧脱落。

13. 高铁列车断电了怎么办？

接触网提供的电能是绝大多数动车组运行动力的唯一来源，那么如果列车出现问题，或者接触网故障导致列车停电了，该怎么办呢？

对于一般的动车组来说，列车在运行过程中，接触网或列车发生故障断电后，列车就失去了运行动力，空调等设备也会停止工作。

不过，在动车组每节车厢的底架上，都安装有车载蓄电池。在紧急情况下，车载蓄电池可以为应急照明、通风、通信、制动和车门控制进行必要的供电。

当动车组在区间内故障停车时，铁路部门通常会组织备用动车组或者机车前来救援，将故障列车牵引至最近的车站进行处理。

不过如今，在一些新型智能动车组上，还加装了动力电池系统。就算接触网没办法工作了，拥有动力电池系统的列车也不会傻傻地停在铁轨上。仅通过自身动力电池系统中储备的电能，列车也能以每小时 30 千米的速度运行约 20 千米，从而避免在区间内长时间故障停车。

14. 高铁列车上的座位编号为什么没有 E ❓

经常乘坐火车的小读者可能已经发现了，高铁列车上的座位是用英文字母来标示的。高铁车厢内的座位一般采用"3+2"的布置方式，就是一侧有 3 个座位，另一侧有 2 个座位。其中，3 个并列的座位分别被标上了 A、B、C，另一侧 2 个并列的座位则分别被标上了 D、F。

等等，你有没有发现一个奇怪的现象——在编号 D 和 F 之间，怎么没有 E 呢？

高铁座椅中消失的 E

高铁座位的编号里之所以没有 E，还得从飞机的舱位说起。飞机上每排座椅的座位，也是用英文字母来标示的。早期的飞机一般每排有 6 个座位，其中在第三和第四个座位中间会有一条过道。这样一来，在给飞机座位编号的时候，就依次使用 A、B、C、D、E、F 六个字母来表示。其中，A 和 F 表示靠窗的座位，C 和 D 表示靠过道的座位，而 B 和 E 则表示夹在中间的座位。

高铁列车座位在编号的时候，同样使用了飞机座位的编号规则。但是在高铁车厢内，因为一排座椅最多只有 5 个座位，并且是 "3+2" 的布置，所以其中一侧的 3 个座位仍旧使用了 A、B、C 来编号，而另一侧的 2 个座位由于只有靠过道和靠窗两种类型，没有了夹在中间的座位，就把用来表示中间座位的 E 给去掉了，直接用 D 和 F 来编号。而在一等座车厢中，每一排座椅只有 4 个座位，采用了 "2+2" 的布置方式，过道两侧分别都是两个座位，这时候就把另一个表示中间座位的 B 也去掉了，只有 A、C 和 D、F。

所以我们平时在购买高铁车票的时候，如果想要靠着车窗看风景，就选择编号是 A 和 F 的座位；如果想要靠近过道，方便走动，就选择编号是 C 和 D 的座位。

喱！

机在天上飞，锅从地上来！

你的座位为什么没有编号"E"？

没有"E"，那都要怪它！

15. 高铁列车上的司机能离开驾驶室吗❓

以前的列车上通常会有两名司机,他们轮流驾驶、轮流吃饭、轮流休息,在遇见紧急情况时,还会相互帮助。到了现在的高铁列车上,却只有一名司机在工作,这是为什么呢?

虽然现在的高铁动车组已经非常智能化,但是想要驾驶好它可没那么简单。我们的高铁司机不仅要通过一关又一关的考试,上班时还要遵守非常严格的规定,比如不能接打电话、不能离开驾驶室。

对于行驶中的高铁列车来说,如果超过 30 秒没有人操作的话,列车就会开始报警,随后会自动紧急停车。那么在这种情况下,司机要是想上厕所,该怎么办呢?

列车调度员已批准,随车机械师已就位,请列车长支援!

流程如此严谨,他是要干吗?

列车长已预留好空位,列车即将进站,请准备!

上厕所!

司机如果在开车途中想要上厕所，必须提前向列车调度员申请。在得到列车调度员的批准后，司机需要和列车长联系，让他为自己预留离驾驶室最近的厕所。同时，司机还要请随车机械师来帮忙照看驾驶室，防止有旅客进入。在所有的准备工作都完成后，司机才能利用列车进站停靠的机会去一趟厕所。这么麻烦的上厕所流程，使得很多司机在出发前只能通过少喝水，来减少上厕所的频率。

16. 高铁列车头顶的 闪光灯是用来干什么的？

仔细观察高铁列车，我们会发现在它头顶受电弓的附近，有一个巨大的闪光灯，它在列车运行的时候快速闪烁着。难道这是高铁列车的自拍神器吗？

其实呀，这个巨大的闪光灯确实是用来帮助拍摄的，不过并不是为了给列车拍靓照，而是用来监视受电弓工作，并且它有一个非常长且复杂的名字，叫作"车载接触网运行状态检测装置"，简称"3C装置"。

高铁列车头顶的闪光灯

3C装置并不是只有一个闪光灯，在车顶同时安装有一个监控摄像头，并且在车内还配备了监视器。列车在运行过程中，3C装置的摄像头会全程拍摄受电弓的工作状态，而随车机械师则能从监视器上看到外部的实时画面。受电弓是高铁列车上非常重要的部件。列车高速行驶时，要是接触网上存在异物，就有可能损坏受电弓，所以它必须受到特别关注。

当列车经过隧道或者在黑夜运行的时候，摄像头就很难清晰地拍到受电弓，这时候便需要闪光灯出马了。这台巨大的闪光灯就像是一位"补光师"，它负责把受电弓周围照亮，从而方便摄像头拍摄到更加清晰的画面。

第二章
高铁出发了

有了高铁，远方不远！
随着一声悦耳的鸣笛音，
我们的高铁列车出发啦！
快看列车的显示屏，
100……200……300……350km/h，
列车就像一条白色长龙，在轨道上飞驰。

我们的高铁列车为什么能跑得这么快呢？
高铁线路和轨道中有什么惊天秘密呢？
高铁列车跑得这么快，为什么在车厢内的我们却丝毫感觉不到晃动呢？
甚至连一枚小小的硬币都能在高速行驶的列车上稳稳地竖立不倒，这真是太厉害啦！

当高铁列车在轨道上行驶的时候，
它是怎么完成变道的？
我国高铁上这么多大桥、
隧道又是怎么被建造起来的？
关于高铁，你是不是有很多疑问呢？
那快来一起了解一下高铁建设中的秘密吧！

高铁真厉害

1 高铁线路，一马平川少绕弯

修建普速铁路时，因为需要绕开高山、湖泊和各种建筑物，所以它们大都是弯弯绕绕的，甚至还有上坡和下坡。而高速铁路的线路几乎都是又平又直的，你知道这是为什么吗？

笔直线路，列车高速运行的法宝

先开动脑筋想一想：对于直道和弯道来说，在哪种线路上列车能够跑得更快呢？答案肯定是直道。这就像在马路上行驶的汽车遇到转弯的

时候需要减速慢行，而直行时速度可以比较快。

　　铁路线路上的弯道被称为曲线。当列车在曲线上运行的时候，弯曲的钢轨和车轮之间会发生摩擦，产生曲线阻力。线路的曲线半径越小，曲线阻力就会越大，列车运行得也就越慢。

　　即使不考虑曲线阻力对列车速度的影响，列车在经过半径很小的曲线时，也需要减速，然后小心翼翼地转弯。如果列车转弯速度太快的话，车厢内的乘客会感觉十分难受，就像是要被甩出去一样。而当转弯速度更快的时候，列车就可能做离心运动，导致严重的脱轨事故。

铁路知识局

离心运动：物体在转圈的时候，如果速度太快，就会被甩飞出去，从而远离转圈时围绕的圆心。

既直又平的高铁线路（罗春晓／摄）

为了让列车高速平稳地运行,我国高铁线路在弯道设计上通常会采用大半径曲线。例如,在京沪高铁上,线路的最小曲线半径达到了 7000 米。以 7000 米为半径可以画一个非常大的圆,圆内可以容纳两万多个标准足球场呢!列车沿着如此巨大的圆边行驶,才能保证安全平稳。

平坦线路,列车高速平稳运行的保证

我们从侧面看一条高铁线路的时候,可以发现它是由平道和坡道两部分构成的。列车要想在高速铁路上快速行驶,仅仅要求线路直是不够的,还需要足够平坦,也就是不能有太多太陡的坡道。

我们在骑自行车上坡时,会感觉到很吃力,对于高铁列车来说也是一样的。在修建高铁时,如果线路的坡度很大,高铁列车拖着几百吨重的身体爬起坡来就很费劲,速度也会降低很多。因此为了让列车跑得更快,必须控制好线路的坡度。

以京沪高铁为例,它全线的最大坡度只有 20‰,相当于线路每延伸 1000 米的距离,才抬高约 20 米。而线路的大部分坡度都小于 10‰,人走在上面几乎感觉不到任何起伏。

有了平直线路,我可以加速,再加速!

2 高铁轨道，高铁列车运行的基础

有了又平又直的高铁线路，高铁列车就能快速行驶了吗？其实，这还远远不够。

不同于汽车的是，列车是在特定的轨道上运行的，特别是高铁列车对轨道有着很高的要求。轨道是列车运行中最基础、最重要的部分之一，它由钢轨、轨枕、道床、道岔等部分组成。钢轨睡在轨枕和道床上。轨枕最开始是木制的，后来是由混凝土制成的。

无缝钢轨，高铁的超级跑鞋

钢轨也叫铁轨，指用来铺设轨道的钢条。和普速铁路的钢轨相比，高速铁路的钢轨更加坚硬，抗"疲劳"性也更好，就算列车频繁地从上面压过也不会变形。高速铁路的钢轨也更加平整，它的踏面缺陷不允许超过 0.3 毫米，相当于 3 张 A4 纸的厚度。

有砟轨道，你看到轨道上的小石头了吗？

普速铁路一般是由许多长约 25 米的小段钢轨拼接而成的，每两段钢轨之间会留一个轨缝，用来防止钢轨

因受热膨胀而变形。而高速铁路使用的是无缝钢轨，它巧妙利用扣件来固定钢轨并防止钢轨变形。这样一来，当列车高速行驶的时候，就不会因为车轮和轨缝发生碰撞而导致列车振动，进而提高了行车安全性。

无砟轨道，高铁的舒适跑道

为了提高轨道的质量，高速铁路大都采用了无砟轨道。无砟轨道由混凝土制成的轨道板铺设而成，看上去就像是水泥路面，它将整个道床形成了一个整体，从而代替了原本的石砟道床和轨枕。

无砟轨道的应用，能够提高轨道尺寸的精确度，还能让轨道变得更加平顺，高铁列车在无砟轨道上能够跑得更快、更平稳。无砟轨道还更加结实，能够承受列车运行时产生的压力，并且发生变形的概率更小。

新型道岔，让列车变道更平稳

高铁线路上大都使用了角度很小的大号道岔，这样一来，列车在经过

道岔变道时，能够以更快的速度通过，同时使车厢晃动的幅度更小。

　　普速铁路的道岔在岔心处和钢轨之间会有一个空隙，叫作"有害空间"，车轮驶过这个空隙时会产生振动，严重时可能导致列车脱轨。而高速铁路几乎都使用了结构更加复杂的活动心轨道岔，道岔改变开通方向的时候，能够自动填充空隙，让列车更加平稳地通过道岔。

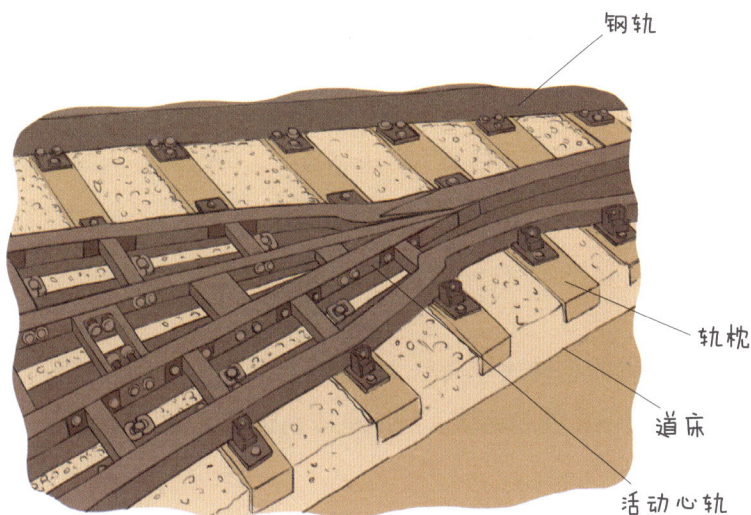

钢轨

轨枕

道床

活动心轨

高速铁路上的活动心轨道岔

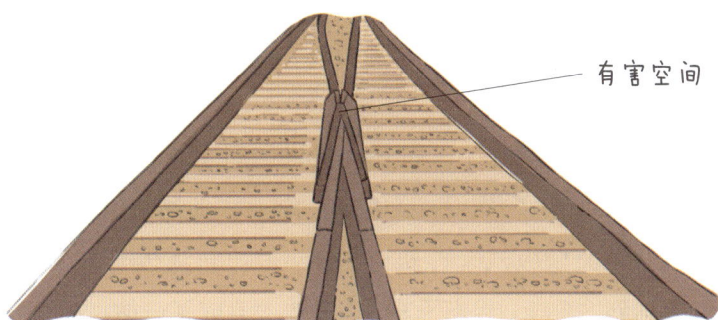

有害空间

普速铁路道岔

3 无砟轨道，铁路上的"小石头"消失了

在普速铁路上，我们会看到很多小石头，这些小石头叫作"道砟"。为什么普速铁路上要有小石头，而在高速铁路上，这些道砟却消失不见了？一起往下看，你就知道了！

有砟轨道有利也有弊

我们平时看到的有小石头的轨道被称为有砟轨道。这种用特级花岗岩制成的小石头硬度比较高、抗压强度大，可以承受火车的重量。在有砟轨道中，小石头之间会存在空隙，使得轨道具有一定的弹性。当列车驶过的时候，道床能够通过弹性变形吸收列车传递给轨道的压力，减轻振动。

有砟轨道的结构比较简单，只需在铁路的路基上方铺设一层小石头后，就可以铺设轨枕和钢轨。所以有砟轨道施工便利，造价低廉，适合在普速铁路中使用。

不过，有砟轨道也有缺点。当列车高速行驶的时候，有砟轨道的道床容易发生变形，道砟也很容易因为受到行驶列车的挤压而破碎，严重时会被碾压得像面粉一样。同时，高速行驶的列车会让小石头飞溅开来，这不仅有可能损坏列车，还可能打到周围的人、设施及建筑，十分危险。

无砟轨道更先进

随着高铁技术的发展，一种更加先进的轨道结构——无砟轨道诞生了。无砟轨道上没有了"小石头"铺成的道床，而是采用混凝土制作的轨道板。以 CRTS II 型板式无砟轨道为例，每块轨道板有 6.45 米长，2.55 米宽，重量达到 8.6 吨，相当于将 10 根枕木连成了一体。

相比于有砟轨道，无砟轨道由于采用了混凝土结构，将道床和轨枕融为一体，稳定性更好。列车开过后，轨道不易变形，因此也不需要频繁

无砟轨道

维修，轨道的使用寿命更长。

　　无砟轨道板的制造标准非常高。同样以 CRTS II 型轨道板为例，制作轨道板所需的混凝土要求在浇筑后 16 小时内，强度达到 48 兆帕，相当于在 1 平方米的面积上要承受约 4900 吨的重量。不仅如此，轨道板的打磨精度可以达到 0.01 毫米，比一根头发丝都要细。

　　我国对无砟轨道的研究起步于 20 世纪 60 年代，目前所掌握的技术已经达到了世界领先水平。精湛的轨道板制造技术，让列车平稳运行成为可能。你在乘坐高铁列车的时候，是不是几乎感觉不到车体的颠簸和晃动呢？你还可以尝试在车厢内立起硬币不倒。如此平稳的车厢大都要归功于我们的无砟轨道呢！

4 超高钢轨，高铁列车转弯的秘密

在乘坐高铁列车的时候，如果把一杯水放在小桌板上，你会发现杯子中的水面有时会出现倾斜的现象。这是不是高铁线路出现了什么问题呢？其实不是的，这是因为列车正在转弯。

高铁列车是如何转弯的？

汽车在转弯的时候，司机通常都会降低速度，否则很容易冲出路面；摩托车竞速比赛中，为了能让摩托车以较快的速度转弯，赛手就需要将

大桥上正在转弯的高铁列车（罗春晓/摄）

车身向弯道的内侧倾斜，这种行进方式被称为"压弯"。与汽车和摩托车不同的是，高铁列车是在两根钢轨上运行的，所以在转弯的时候既不能像汽车一样频繁地降低速度，也不能像摩托车一样压弯。

　　为了能够让高铁列车顺利转弯，设计人员就在铁路的弯道处把外侧的钢轨稍微抬高一点，使得两条钢轨的高度不同。这样列车在转弯的时候就能够自然地向弯道的内侧倾斜，这种做法叫作"外轨超高"。

　　铁路弯道的半径越小，或者列车的运行速度越快，两条钢轨的高低差就会越大，列车就会倾斜得越明显。不过，我国的高速铁路基本都是按照直线来修建的，即使线路上存在弯道，弯道的半径通常都很大，有的可能达到 10000 米甚至更大。在这么大的弯道上，弯道外侧钢轨被抬高的高度很小，这使得高铁列车可以十分平稳地完成转弯。

5 高铁轨距，解开 1435 神秘数字密码

亲爱的小读者，你知道我国高速铁路两条钢轨之间的距离，也就是轨距是多少吗？让我来告诉你吧，就是 1435 毫米，它也被称为标准轨距。那你知道铁路的标准轨距为什么会是 1435 毫米吗？除了标准轨距之外，还有没有其他轨距呢？

标准轨距的由来

标准轨距之所以为 1435 毫米，就要说到火车和铁路的起源了。

在古罗马，战车一般是由两匹马来拉的，而战车车轮的距离和两匹马屁股之间的距离差不多，大约是 4 英尺 8 英寸，换算之后就是 1422 毫米。后来，英国人以这个距离为车轮轨距的标准制造了马车。

到了 18 世纪，英国人使用马车来运输煤炭，而沉重的马车很容易把马路压坏，这时候有人提出把木条或钢板铺在路上，作为轨道来让马车行驶，从而避免马车车轮损坏路面。

1789 年，英国工程师威廉·杰索普为了让马车在轨道上行驶起来更加方便，在马车车轮上设计了凸出的轮缘，并将轨道设计成了类似"凸"字形的结构，而这也就成了现代铁路的雏形。

再到后来，英国人开始制造蒸汽机车。有意思的是，这些制造车轮和轨道的工匠，仍然是制造马车的那些人，因此机车车轮之间

浓烟滚滚的蒸汽机车

的距离仍旧采用了马车的标准。为了避免车轮卡在轨道上，后来人们给轨距增加了半英寸，约 13 毫米。从此，两根钢轨之间的距离也被确定为 1435 毫米。之后，其他国家在制造机车和铁路的时候，也都普遍沿用了这个轨距，它也就成为世界公认的标准轨距。

宽轨与窄轨

虽然已经有了大家公认的 1435 毫米轨距标准，但是有些国家在建造铁路的时候，为了避免自己国家的铁路与外国的铁路互通，将两根钢轨之间的距离进行了调整，因此也就产生了宽轨和窄轨。我们把轨距大于 1435 毫米的铁路称为宽轨铁路，而把轨距小于 1435 毫米的铁路称为窄轨铁路。比如，蒙古和俄罗斯铁路的轨距为 1520 毫米，葡萄牙铁路的轨距为 1668 毫米，这些都是宽轨铁路。日本有一些铁路的轨距为 1067 毫米，老挝、泰国有一些铁路的轨距为 1000 毫米，这些就是窄轨铁路。

我国也有很多窄轨铁路，比较有名的就是云南的滇越铁路。滇越铁路铺设的是轨距为 1000 毫米的"米轨"，它的宽度比标准轨距小了将近三分之一。因此，在滇越铁路上运行的火车和普通火车比起来也就更加"迷你"，人们便把它们称为"小火车"。

6 高铁车站，旅途开始的地方

高铁车站，常常是我们旅行开始的地方。那么你知道高铁车站都有哪些不同的种类吗？我国最有名的高铁车站又是哪座呢？

高铁车站大不同

目前，我国的高铁列车大都用来运输旅客，停靠高铁车站的列车大都是旅客列车，所以高铁车站的分类比起普速铁路车站来说简单了不少，基本分为始发站、中间站和越行站三种。

始发站主要服务那些从这里"上班"或者到这里"下班"的列车（也就是始发和终到列车），所以一般规模较大，比如北京南站。在这些车站附近，通常会设置用来存放动车组列车的动车所，列车"下班"以后，就会被送到动车所进行休息整备。

每当假期来临，杭州东站就开启了"人从众"模式。（资料图片）

中间站通常是一些规模比较小的车站，用来让沿途旅客上下车，比如京津城际铁路的武清站。

此外，当高速列车想要在半路对低速列车进行"超车"时，低速列车就需要在中间站停车等待，让高速列车先开过

铁路知识局

股道：指火车站内带编号的轨道，用于确定列车停靠的具体位置。

去，这种情况叫作"越行"。越行站是更小的车站，它主要办理列车的越行作业，而不办理客运业务，比如银西高铁上的洪德站。

哪座高铁车站最有名？

我国现在有上千座高铁车站，它们各有各的本领，哪些最有名呢？我们一起来看看吧！

客流量稳居前列的广州南站（资料图片）

● **股道最多的高铁站：西安北站**

西安北站是我国目前股道数量最多的高铁站，它一共拥有 18 个站台、34 个站台面、34 条股道，最多能够同时容纳 34 列动车组列车进站停靠。

● **建筑面积最大的高铁站：南京南站**

南京南站的建筑面积达到了 45.8 万平方米，有 60 多个标准足球场那么大，是目前我国建筑面积最大的高铁站。

● **最繁忙的高铁站：广州南站**

高峰期时，广州南站每天到发的旅客列车数量超过 900 列，平均每分钟都有一列高铁列车在广州南站出发或到达。广州南站每天发送和到达的旅客数量自然也非常多，在全国各大高铁站中长期位居第一。

7 车站站台，高低长短有学问

细心的你也许已经发现：同样是火车站的站台，有的站台又高又长，有的却又矮又短；除了站台高低长短不一样，站台设置的位置也不一样。它们的差异为什么会这么大呢？其实这里面的学问大着呢！

高高低低的站台

在火车站，有三种不同高度的站台，分别是距轨道平面约 300 毫米、500 毫米高的低站台和约 1250 毫米高的高站台。

其中，300 毫米高的站台比客车车梯最低一级踏步还要低一个台阶左右。这种站台方便乘务员对列车底部进行检查，但是旅客上下车就比较麻烦。如果你拖着一个大箱子的话，就需要费很大劲才能把它拿上或拿下列车。

稍微高一点的就是 500 毫米高的低站台，它与客车车梯最低一级踏步齐平，旅客上下车会轻松一点。

而最方便我们上下车的还是 1250 毫米高的高站台，它和列车车厢门地板基本齐平。目前我国高铁站的站台基本都是这种类型的。但是高站台的造价比较高，乘务员也无法对列车底部进行正常的检查。

虽然高站台方便旅客上下车，但是我国并没有把所有的站台都建造成高站台。这是因为，部分既有线铁路车站一侧站台贴近正线或需要接发超限货物列车，站台太高的话，可能会和运行中的火车发生碰撞，所以有些特殊的站台是不可以加高的。

长短不一的站台

除了站台的高度，火车站的站台长度也有差异呢。

火车站的站台不能太长也不能太短，如果站台太长会占用太多的土地面积，而如果太短就会导致列车停靠的时候部分车厢无法进站。

傍晚，一列动车组列车从北京西站开出。

我国高铁车站的站台长度一般是按 450 米设计的，可以停靠 16 或 17 节车厢的长编组动车组列车；城际铁路车站的站台长度按 220 米设计，用来停靠 8 节车厢的短编组动车组列车；而普速铁路车站站台长度则一般按 550 米设计，可以停靠 20 节车厢编组的旅客列车。

不同位置的站台

　　火车站的站台根据设置位置的不同，可以分为岛式站台和侧式站台。岛式站台两侧被股道包围，就像是一座小岛；侧式站台只有一侧有股道，另一侧是车站的站房或者候车大厅。

　　侧式站台一般是车站的 1 站台。旅客在侧式站台乘车的时候，不需要通过地下通道或者天桥跨越股道，走出候车室就可以上车，出站的时候也可以直接到达出站口，十分方便。

　　岛式站台两侧都有股道，因此两边都能停靠火车，而旅客要通过天桥或地下通道才能够来到站台上。

8 高铁桥隧，穿山跨水一路向前

为了让高速铁路尽量笔直地向前延伸，很多线路都建造在桥上或者隧道中。那么我们的铁路工程师究竟用了什么办法，让我们的高铁能够"逢山开路，遇水架桥"，一路无畏地向前冲呢？

高速铁路上的桥梁是怎样架起来的？

高铁桥梁不像小溪上的独木桥，它的每一根梁都有几百吨重，想要把它们架起来可不是一件容易的事情。这时候就要用到架桥机，它可是架桥的大力士。

架桥机

架桥机巨大无比，例如我国"共工号"架桥机整机长度达92米，重575吨。架桥机在工作的时候就像是一个健壮的巨人，两条腿会牢牢地站在桥墩上，然后慢慢地将桥梁抬起，并把它安装在两个桥墩之间。

运梁车

不过，想要架起一座高铁大桥，光靠架桥机是不够的，还需要运梁车和提梁机来帮忙。

运梁车能够将大型的桥梁从存梁场运送到架桥的工地。因为桥梁很重，为了分散巨大的压力，运梁车安装有几十甚至上百个轮胎，就像是一条粗大的"千足虫"！

提梁机

提梁机就像是个巨大的起吊机，它的工作主要是将制造完成的桥梁搬运到存放的地方，或者将合格的桥梁搬到运梁车上。

为了更加方便地架桥，我国研制了"昆仑号"运架一体机。"昆仑号"是世界上第一台千吨级的运架一体机，它同时具备了运梁、提梁、架梁等功能，堪称全能。对它来说，建造桥梁就像是搭积木一样简单！

高速铁路上的隧道是如何挖掘出来的？

修建隧道的方法有很多，其中盾构技术是一种比较成熟的隧道修建技术，它通过盾构机来开挖隧道。说到盾构技术，它的诞生还有一个非常有意思的故事。

在 18 世纪末，英国人计划在伦敦地下修建一座穿过泰晤士河的隧道。然而，在当时的技术条件下，修建如此规模的河底隧道简直比登天还难。一个偶然的机会，法国工程师布鲁诺尔从船蛆的钻洞行为中得到了启发。

布鲁诺尔发现，船蛆在船体中钻洞的时候，会从体内分泌一种液体涂在孔壁上形成保护壳，来抵抗木板潮湿后发生的膨胀。布鲁诺尔从这个现象中获得了灵感，提出了盾构掘进隧道的原理，并发明了盾构机。

和人工开挖隧道相比，盾构技术的诞生就像爱迪生发明了灯泡一样伟大。工人一天只能开挖掘进隧道 1~5 米，但是使用盾构机后，每天可以向前快速掘进 20 米以上，而且保证了隧道施工的精度，不会发生隧道打偏的情况。

2020 年 9 月 27 日，一台长达 150 米、总重 4300 吨、最大开挖直径 16.07 米、有 5 层楼高的"京华号"盾构机在我国完成生产，这是目前我国自主研制的最大直径的盾构机。有了这台"巨无霸"盾构机的帮忙，修建高铁隧道就变得更加轻松自如。

冬季不冻的松花江，烟雾缭绕，穿行在其中的
列车宛若长龙飞越，气势磅礴。(刘慎库/摄)

高铁好神秘

1. 高铁列车为什么都是靠线路左侧行驶？

看着来回运行的高铁列车，你也许会发现一个奇怪的现象：我们国家的汽车都是沿着道路右侧行驶的，但是高铁列车是在线路左侧的轨道上行驶的。这是为什么呢？

这还得从铁路的诞生地英国说起。在英国早期，骑士的佩剑一般放置在身体左侧，为了方便，骑士从马匹的左侧上马；后来有了马车，人们

一列穿城而过的动车组列车

也都习惯从马车的左边上下车。这也就使得英国的马车都沿着马路的左边行驶，这样马车在路边停车的时候，乘客上下车更加方便。

铁路刚在英国诞生的时候，可不是用来给火车跑的，而是用来让马车跑的。所以人们也就延续了原本的习惯，继续让马车沿着铁路左边的轨道行驶。而在火车诞生后，这一习惯也被保留了下来。

除了人们的习惯外，火车靠左行驶还和司机的作业方式有关。早期火车是由蒸汽机车牵引的，蒸汽机车的司机室被设置在了机车的后部。由于大部分人都习惯用右手，司机通常会在蒸汽机车的左侧驾驶火车，以便于右手进行操作。在火车行驶的过程中，司机还经常需要从机车左侧探出头瞭望。随着信号机的发明，为了让司机能够看清楚信号机的显示，信号机便被安装在了轨道的左侧。如果火车靠线路右侧行驶，那么信号机就会被安装在两条轨道的中间，这不仅不利于司机确认信号，同时也会给司机的作业带来风险。而火车靠左侧行驶，信号机就被设置在了线路的两边，这样司机作业起来就更加方便和安全了。

在我们国家，铁路技术最早是从英国引进，因此沿用了英国铁路的这一习惯。

2. 高铁的钢轨为什么要做成 "工" 字形 ?

　　仔细观察下图，高铁上的钢轨横截面长得很像 "工" 字，它的上下两头大，中间细长。为什么钢轨不做成长方形、正方形等其他造型，而要做成这种特殊的 "工" 字形呢？

　　钢轨从上到下可以分为轨头、轨腰、轨底三部分。轨头是用来和列车的车轮接触的，又大又厚的轨头不仅能够增加车轮运行时的受力面积，让列车运行起来更加稳定，还能抵御车轮与钢轨之间的摩擦，让钢轨不容易磨损。

　　钢轨的轨底需要被放在轨枕或轨道板上，较大的面积能够让钢轨站立得更加稳定，同时也方便施工人员对钢轨进行固定。

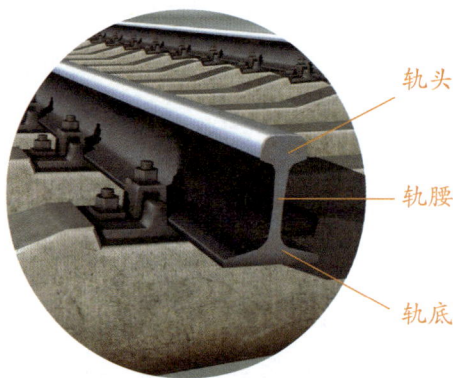

轨头
轨腰
轨底

钢轨的 "工" 字形断面

　　一列高铁列车重达数百上千吨，但是车轮与钢轨之间的接触面积很小。当车轮压在钢轨上时，相当于在指甲盖大小的面积上施加十几吨的重量。要想让钢轨把列车举起来，可不是一件容易的事情，必须让钢轨足够结实。

　　在不同造型钢材的比拼中，"工" 字形结构脱颖而出，因为它不仅节约耗材，而且承受巨大压力时变形程度小。所以，将钢轨设计成 "工" 字形来承载运行的列车再合适不过了。

3. 高铁的钢轨
是怎么做到"天衣无缝"的❓

早期铁路上的钢轨是由一段段短钢轨拼接起来的，每两段钢轨之间会存在缝隙，也就是轨缝。轨缝的存在，导致火车的行驶速度不能太快，因为轨缝会与车轮产生撞击，列车的行驶速度越快，撞击力越大，这会让车内的乘客感到不舒服，严重的时候还会导致列车脱轨。我国规定，当列车时速大于或等于 160 千米时，就必须使用无缝线路，所以高速铁路的轨道都采用了无缝钢轨。

无缝钢轨刚制成时，长度达到 100 米，是普通钢轨长度的 4 到 8 倍，之后它们还需要在 1000 多摄氏度的高温下被焊接到 500 米。在高铁铺轨现场，工人们会继续对钢轨进行焊接，最终形成一条长达上百千米的无缝钢轨。

虽然无缝钢轨是被焊接起来的，但是每一个焊接处都非常牢固。把一块重达 1 吨的锤头从 5 米高处垂直砸下，焊接处都不会有一点松动。

在无缝钢轨铺设完成后，还需要使用扣件将钢轨固定在轨道板上。如此一来，钢轨就不会出现受热膨胀变形的情况了，车轮可以一直平稳地在钢轨上滚动，没有了普速铁路上"哐、哐"的声音，我们坐在车上也更加舒适了。

有缝钢轨和无缝钢轨

4. 铁路的钢轨上为什么会带电？

你知道吗？列车运行的钢轨上其实是带有电的。不过钢轨上的电可不是用来给列车提供动力的，而是有更加重要的任务——形成轨道电路。

轨道电路就是在钢轨的一端接上电源，而在另一端接上信号机等设备，通过钢轨将电流传输到信号机上，形成一个完整的电路。轨道电路的电压很低，用手触摸钢轨不会有任何感觉。

在普速铁路上，当列车驶入轨道电路时，相应信号机的显示就会从绿灯变为红灯。后方列车的司机在看到信号机显示红灯后，就知道前面有其他列车正在运行，从而及时停车，避免列车追尾事故的发生。

对于高速铁路来说，轨道电路最主要的用途是对列车进行定位。高铁的轨道电路会将信息传递到列车调度人员那里，就好像是在告诉调度人员："列车已经开到这里了。"这样一来，调度人员就能够及时掌握列车的位置，对列车的运行进行监督。

行驶中的"复兴号"动车组列车

5. 高速铁路桥上为什么没有护轨?

在普速铁路上，当铁路被修建到桥上的时候，每一条轨道上都有四根钢轨。列车运行的时候，明明有两根钢轨就够了，为什么要安装四根钢轨呢？

原来，这四根钢轨中铺设在外面的两根钢轨叫作基本轨。列车运行时，车轮就在这两根基本轨上滚动。铺设在里面两根钢轨叫作桥梁护轨，能够对脱轨列车起到保护作用。万一列车在桥上发生脱轨事故，护轨可以钩住车轮，避免列车从桥上掉落。但是高速铁路桥上没有安装护轨，这是为什么呢？

在我国高速铁路桥上，之所以不需要安装护轨，是因为已经设置了防护墙，也就是路基两侧低矮的墙体，由它来防止脱轨列车坠落。

当列车的运行速度很高时，桥梁护轨已经无法满足列车脱轨后的安全防护要求了，只能设置混凝土防护墙。列车一旦脱轨，可以沿着防护墙滑行，从而避免发生列车侧翻掉落桥梁的情况。

高铁列车高速通过大桥。

6. 铁路接触网结冰了该怎么办?

接触网是现代高铁运行的动力来源,一旦结冰,会影响列车的正常运行,所以必须及时除冰。

接触网结冰可不是北方才有的。在南方,冬季时由于降水较多、空气湿度较大,当气温突然下降时,接触网也容易出现结冰的现象。

日本和法国铁路为了除去接触网上的冰,采用的方法是热力除冰,就是对接触网进行加热,从而让冰融化脱落。

而我国常用的除冰方法是使用动车组或电力机车的

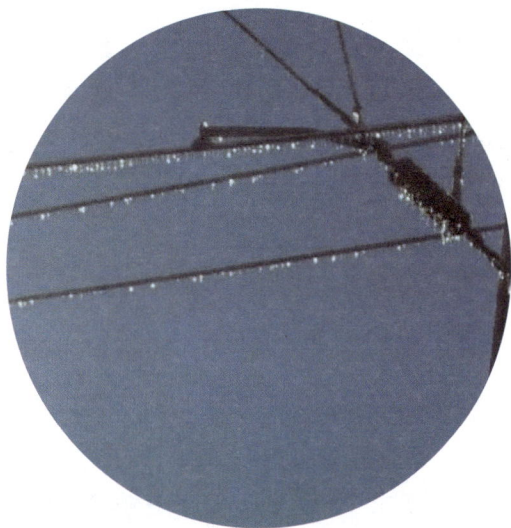

结冰的接触网

受电弓进行机械除冰,就像拿刀子刮冰一样。但是,这种除冰方式容易对接触网造成损伤,而且当冰层很厚的时候,也很难把冰都清理干净。

所以在万不得已的情况下,需要采用最原始且简单的方法,就是人工除冰。人工除冰就是由人来敲打接触网,让顽固的冰层掉落。虽然人工除冰的效率很低,但是除冰的效果很好。

7. 如何清除轨道上的障碍物?

在列车线路中,经常会有异物落在钢轨上,尤其在有砟轨道上,可能会有道砟落在轨面。列车运行时如果撞到钢轨上的异物,会有安全隐患。

为了清除钢轨上的障碍物，列车底部暗藏了玄机。在普速列车车头或者高铁列车车头前部靠近钢轨的地方，都安装了一个类似汽车保险杠的装置，它被称为排障器。

　　列车底部的排障器是由一块倾斜的大铁板做成的。在列车运行的过程中，排障器就像是一把铲子，能够有效清除轨道上较厚的积雪、沙石、小树枝等障碍物，从而让列车能够"一路畅通无阻"。而高铁列车在排障器的内侧，安装有距离轨面更近的辅助排障器，它能够清理较小的异物。

　　除了车头前面巨大的排障器之外，普速列车车头在转向架两端的轮对处，还安装有扫石器，它是由三根橡皮管制成的，并且距离轨面很近，能够清除钢轨上体积更小的障碍物。

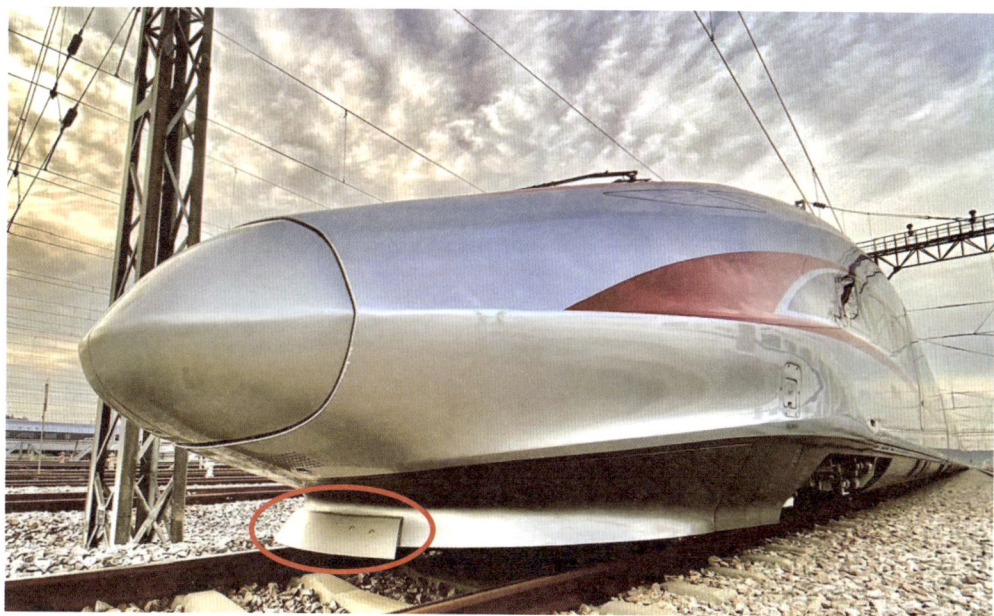

列车底部的排障器（陈彦杰／摄）

8. 高铁列车是如何抗冻的?

随着冬天的到来,我国很多地方都会出现大幅度降温,尤其是在东北地区,零下二三十摄氏度的天气几乎是家常便饭,我们随便呵一口气都会立刻结冰。在这么冷的天气下,我们都会穿上厚厚的棉衣和棉裤来保暖。可是对于动车组来说,它们天天在露天行驶,刺骨的冷风会不会把它们冻坏了呢? 它们又是怎样做到抗冻和保暖的呢?

不怕冷的高寒动车组

如何让列车在高寒地区运行一直是个世界性难题。在中国的高铁动车组家族中,有一类车型十分特殊,因为它们有一个特别的本领,就是耐寒抗冻。即使是在 –40℃ 的极寒环境中,它们照样能够正常行驶,所以它们也被称为高寒动车组。目前,我国拥有 CRH2G、CRH5G、CRH380BG、CR400AF–G、CR400BF–G 等多款高寒动车组,它们大都运行在我国寒冷的北方地区。

高寒动车组之所以能够这么抗冻,是因为设计师对列车的车体结构、转向架、电路组成等部分进行了抗冻设计,比如使用低温控制开关,研制有自动防冻结功能的刹车装置,使用能抗低温的铬钼合金螺栓、螺母等。同时,列车上的许多结构还使用了耐寒性能更好的抗低温材料,即使是在低温环境中,材料的强度、刚度都不会发生明显的变化。

动车组也要穿"棉裤"

虽然高寒动车组已经有了厉害的抗冻本领,但是为了确保万无一失,铁路部门还会给动车组穿上厚厚的"棉裤"。他们在列车的各种管道外,包裹上一层隔热棉,防止管道因气温过低而结冰导致故障。同时,在列车的很多重要部位还会安装电热设备,就好像是给列车贴了"暖宝宝",让它时刻都暖暖的。

9. 为什么普速列车不能在高速铁路上行驶？

在我国几万千米的高速铁路中，并不是所有线路都是繁忙的，也有一些线路在"偷懒"呢。比如，在我国西部地区的一些高铁线路上，每天来往的列车很少，那可以让普速列车去高速铁路上行驶吗？答案是不能。

列车的运行速度不同

我国普速列车的最高运行时速是 160 千米，而高铁列车的最高运行时速达到了 350 千米。如果普速列车在高速铁路上行驶，会对高速列车的正常运行产生很大的影响。这就好比是一台拖拉机开上了高速公路，跟在后面的汽车就都需要减速避让。

信号设备不同

高速铁路和普速铁路的信号系统是不同的，高铁列车和普速列车的列车运行控制系统也是不同的。这就好比在高速铁路上，高铁列车讲的是"普通话"，而在普速铁路上，普速列车讲的是"方言"。当普速列车来到高速铁

铁路知识局

轴重：指的是车厢每根车轴承载的重量。列车的轴重越大，对轨道的压力也就越大。

路时，它听不懂高铁列车的运行指令，也就没有办法正常行驶。

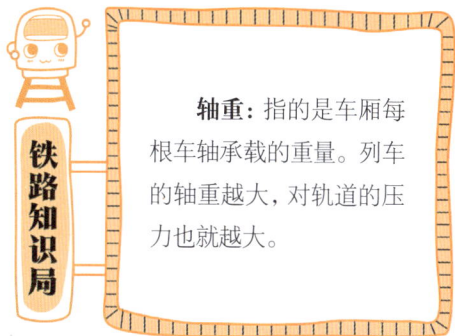

轨道结构要求不同

高速铁路与普速铁路相比，对轨道的平顺度有着更高的要求。普速列车的轴重比高铁列车大，要是让普速列车到高速铁路上运行，会破坏高速铁路的轨道结构，也就是会"压坏"线路，对线路的平顺度产生很大的影响。

10. 能够摇摆的列车长什么样子？

你见过会摇摆的列车吗？它叫作摆式列车，在运行的时候会左右摇摆。

铁路在弯道部分会设置外轨超高，让列车能够以倾斜的姿势较快地转弯。而列车想要以更快的速度转弯时，就需要更大的外轨超高，来让火车更加倾斜。但是铁路一旦修建完成后，线路的外轨超高就固定了，为了让列车能够更加倾斜，就诞生了摆式列车。

摆式列车是一种车身能够自己摆动的列车，一般被使用在国外一些曲线半径比较小的既有铁路上。摆式列车在转弯时，车身会向曲线内侧倾斜，从而提高列车转弯时的速度。通过摆式列车，这些既有铁路便可以成为高速铁路，摆式列车在既有铁路上的最高运行时速可以达到 200 千米，甚至更高。

摆式列车有两种类型：一种是列车在通过曲线时，依靠车体惯性自然地向弯道内侧倾斜，这种列车被称为被动摆式列车，代表车型有西班牙 Talgo 动车组；另一种则是在列车上安装传感器、计算机和传动装置，

2009 年 1 月 21 日，一列维珍西海岸潘多利诺摆式列车向南驶往伦敦尤斯顿。

列车检测到经过弯道时，会主动进行倾斜摇摆，这种列车被称为主动摆式列车，代表车型有日本新干线 N700 系动车组。

虽然摆式列车能够提高列车在曲线上运行的速度，但是列车结构比较复杂，一旦出现故障，检修起来很麻烦。而且，对于一些容易晕车的小伙伴来说，不建议乘坐摆式列车，因为它容易让人晕车。

11. 高铁列车是如何改变运行轨道的？

在铁路的轨道上，两条固定的钢轨承载着列车飞速疾驰，如果列车需要变道，该怎么办呢？

让高铁列车变道的道岔长什么样子？

让高铁列车完成变道的设备称为道岔，它就像是从树干上分出树枝，能够让列车离开原本行驶的"树干"，进入"树枝"这条新的轨道。

道岔的类型有很多种，就像是树干上有不同形状和数量的分枝。比如单开道岔就像是树干上有一根树枝，三开道岔就像是树干上有两根树枝。

道岔是如何让高铁列车变道的？

在道岔的头部有两根非常尖锐的钢轨，它们的位置决定了道岔的开通方向。当尖轨紧贴直向钢轨时，道岔开通的方向是侧向；而当尖轨紧贴侧向钢轨时，道岔开通的方向便是直向。

当列车要变道转弯的时候，道岔头部的尖轨和直向钢轨紧密贴合，并被牢

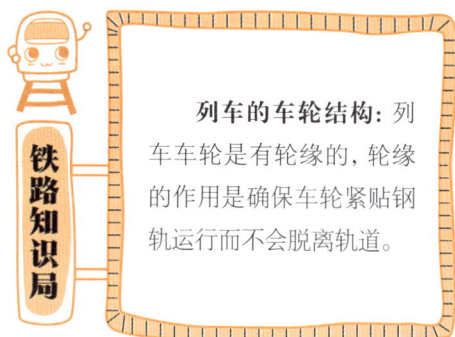

铁路知识局

列车的车轮结构：列车车轮是有轮缘的，轮缘的作用是确保车轮紧贴钢轨运行而不会脱离轨道。

牢地固定。当列车驶入道岔时，尖轨对列车的车轮起到了导向作用，使得一侧车轮紧贴着尖轨前进。而另一边的尖轨由于和侧向钢轨之间分离，产生了空隙，使得另一侧车轮顺着侧向钢轨运行，列车便进入新的轨道。

变道时，尖轨紧贴直向钢轨

轮缘

来看看列车变道的过程吧！

变道时，尖轨与侧向钢轨分离

由于列车的车轮是有轮缘的，随着轮缘的滚动，列车转向新的轨道。

12. 高铁列车是怎么掉头的？

汽车掉头是一件很简单的事情，只需要打一下方向盘就可以了。但是火车在轨道上运行，想要掉头可就没有那么简单了。为了能让列车快速安全地掉头，铁路专家们可是想了很多办法。

蒸汽机车是怎样掉头的？

最早的蒸汽机车只有一个驾驶室，机车每次到终点站后都需要掉头才能继续运行。而为了方便给机车掉头，铁路上也出现了很多特殊的设备，比如机车转盘。

机车转盘是一种有着悠久历史的火车掉头工具，在它的上面铺设有一条轨道。在机车驶入转盘轨道后，转盘就会转动 180 度，之后机车驶出转盘就完成了掉头。

普速列车是怎样掉头的?

普速列车是由机车和车厢组成的,机车必须在最前面拉着车厢运行。当火车需要掉头的时候,就需要在车站把机车从火车的一端拆下来,然后司机把机车开到车列的另一端,重新和车厢连挂在一起。这样一来,火车就能够掉头正常行驶了。

火车在车站掉头要花费很长的时间,一般需要15~30分钟才能完成,这也使得火车在一些大站要停留很长的时间。

高铁列车是怎样掉头的?

我们的高铁列车可就厉害了,它掉起头来十分方便。每一列车的两端都各有一个车头,也就是各有一个驾驶室。当列车需要反向运行的时候,司机只需要更换驾驶室,原本的车尾就会变成车头,列车就能够反向运行啦,这种操作一般也被称为"动车组换端"。

两端都有驾驶室的动车组,你知道哪个是车头吗?

13. 为什么高铁列车驾驶室里有个"啪嗒、啪嗒"响的踏板？

如果你有机会进入高铁列车的驾驶室，看着司机叔叔驾驶列车，就会发现耳边不时传来"啪嗒、啪嗒"的响声。你一定很好奇这个奇怪的声音来自哪里，其实这个声音是从司机脚下发出来的。在高铁列车驾驶台的下面有一个脚踏板，司机在开车的过程中，几乎每隔几秒钟就会踩一下这块踏板，并发出"啪嗒、啪嗒"的声音。

为什么要在司机的脚下安装一块踏板呢？是担心司机在开车的过程中太无聊了吗？其实呀，这可不是一块普通的踏板，它有一个非常厉害的名字，叫作"无人警惕装置"，它可是司机们的监督员。要知道高铁司机每天驾驶列车行驶在相同的线路上，是十分枯燥单调的。为了确保司机时刻都在专注地驾驶列车，工程师就设计了这个踏板。司机每过一段时间就需要踩一下踏板，告诉无人警惕装置自己在全神贯注地工作。如果司机超过 30 秒钟都没有踩踏板，无人警惕装置就会开始报警，报警超过 10 秒钟还没有处理的话，列车就会自动紧急停车，从而尽可能避免事故的发生。

虽然每超过 30 秒钟不踩踏板装置才会报警，但是大部分高铁司机都养成了提前踩踏板的习惯，有些司机甚至每隔三四秒钟就会踩一下踏板，生怕一个不留神就把这件事忘了。如果高铁司机一次开车

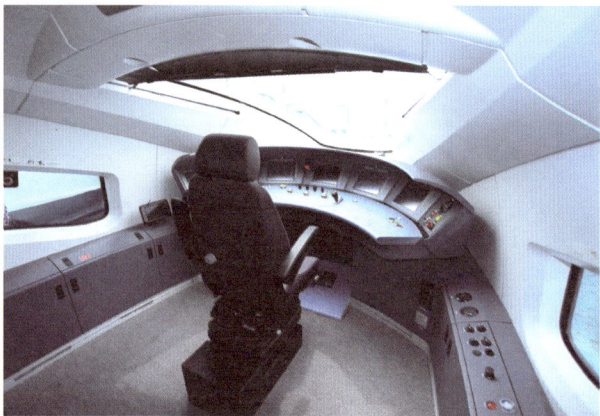

有点"豪华"的动车组的驾驶室（罗春晓 / 摄）

4 个小时，并且每隔 3 秒钟踩一下踏板，那么他全程踩踏板的次数就达到了 4800 次。别看踩踏板是一件容易的事情，如果没有经过锻炼的话，脚可是很容易抽筋的。

14. 为什么每天凌晨高铁列车不载旅客空跑？

　　每天凌晨，在每一条高铁线路上都会有一列神秘的高铁列车在奔跑，它是那条线路上最早上班的高铁列车。不过，你无法在时刻表上找到这些高铁列车，就连火车站也不出售它们的车票，因为它们不搭载旅客。这些没有旅客的列车叫作确认列车，车次以罕见的 "DJ" 开头。

在高铁结束了一天的工作后，工人叔叔们就需要对高铁的轨道、信号、供电、通信等设备进行全面的检查维修，来保证这些设备能够继续正常工作。想要验证这些设备是否处于正常状态，最好的方法就是让确认列车上去运行测试一下。如果一切正常，其他列车就可以安心载着旅客在轨道上飞驰了。

在高铁列车这个大家族中，确认列车可是一天中起得最早、最勤快的火车了。

每天凌晨三点多，当我们还在梦乡里的时候，确认

在清晨就登上列车的高铁司机（罗春晓/摄）

列车的司机和随车机械师就需要起床了。在经过忙碌的准备工作后，司机就驾驶着确认列车在轨道上开始安全检查，随车机械师则在车厢内时刻监视列车的运行状态。一旦他们发现有什么故障或异常，就得及时向列车调度员汇报。直到问题处理完之后，其他列车才可以正常运行。所以，确认列车也被称为高速铁路上的"清障扫雷车"。

不过，虽然确认列车上没有旅客，但是有时候它们也会接送特殊的"乘客"，那就是快递包裹。这样不仅充分利用了确认列车的运输能力，同时也让快递能够更快地到达主人的手中。

在其他高铁列车出门工作之前，确认列车就默默完成了线路的"清障扫雷"工作，为其他列车的安全运行提供了保障，它就像是高铁安全运营的"领航员"。而在确认列车检查完线路到达车站后，它摇身一变，又

成为一列普通的载客列车，再次投入一天忙碌的工作中。

15. 你能看懂高铁列车司机的神秘手势吗？

在我们眼中，驾驶高铁列车是一件非常酷的事情。这不仅因为高铁司机穿着帅气的制服，也因为他们在开车时比画的手势很酷。那么，下面这些高铁司机的神秘手势，你都知道是什么意思吗？

手势一：右手食指和中指并拢，拳心向左，指向前方

这个手势是司机在确认列车的运行信号是否开放。当信号开放，显示列车可以发车或通过的时候，司机就需要通过这个手势来确认。

手势二：右手握拳，拳心向左，手臂弯曲呈 90 度，向上举

这个握拳的手势是表示"注意"的意思。当高铁列车在通过车站、经过弯道或者两车交会的时候，司机就需要做出这个手势，来提示自己注意列车的运行状态。

手势三：右手五指合拢，向前伸

司机做出这个手势的时候，表示他正在检查仪表的显示是否正常。通过手的比画，司机能检查得更加仔细，更不容易出错。

手势四：右手比画"6"的手势，拳心向左，向前伸

这个数字 6 的手势可不是"老铁，666"的意思，而是确认列车要在车站的侧线停车，也就是靠站台停车的意思。

这个手势可不是高铁司机在表扬高铁，而是确认列车要在车站正线停车的意思。

好漂亮的大拇指，突然夸我，怪不好意思的！

没有夸你，我是让你停车。

复兴号

16. 为什么高铁列车很少鸣笛?

"呜——"在普速铁路边，我们经常能够听到火车响亮的鸣笛声。每当火车扯着"嗓子"大吼的时候，远在几千米外的人们都可以听得一清二楚。不过在高速铁路边，我们几乎很少听见列车鸣笛，这是为什么呢?

火车在运行的过程中之所以需要鸣笛，是因为一些铁路是开放式的，可能会有沿线的居民穿越铁路。这时候，火车就需要朝着他们吼一嗓子，告诉人们火车要开过来了，请大家注意避让。不过火车的大嗓门也打破了沿线居民宁静的生活，鸣笛产生的噪声给他们带来了不少烦恼。

其实，高铁列车和普速列车一样，也拥有一副大嗓门，一旦吼起来

就会惊天动地。为什么高铁列车很少鸣笛呢？首先是因为我国高铁都做到了全封闭，闲杂人员无法进入高铁轨道内，所以高铁列车也就不需要鸣笛警示；其次，为了减少噪声，给大家创造一个更加宁静舒适的生活环境，高铁列车在市区都是禁止鸣笛的。

17. 高铁上坐过站了怎么办？

现在，坐高铁出行已经变得越来越方便舒适，我们可以像在家里一样在列车上追剧、打游戏，或者美美地睡上一觉。

不过，要是在这么舒适的高铁列车上坐过车站了，该怎么办呢？列车长会不会半路把我们赶下车？我们会不会被要求补票？我们还能够顺利回到目的地吗？不用担心，铁路部门早就为你考虑到啦！

高铁列车安静地驶过稻田。（刘慎库/摄）

如果你发现自己坐过了车站，千万不要慌张，首先要做的就是向列车长寻求帮助。列车长在了解完情况之后，不会要求你补车票，而是会开具一张叫作"客运记录"的白色单子，并且会安排你在列车的下一个站点下车。

当你到达下一个车站时，列车长会将客运记录交给车站工作人员，并向他们说明情况。车站工作人员会安排你免费乘坐返回的列车，把你平平安安地送到目的地车站。

怎么样？我们的高铁是不是非常贴心呀！不过，就算坐过站能够免费乘坐高铁列车返回，我们也要尽可能避免出现这样的情况哟，不然就太麻烦铁路上的叔叔阿姨了。

18. "复兴号"车窗上方的红黄绿指示灯有什么秘密？

欢迎乘坐"复兴号"列车！来到"复兴号"列车的车厢内，你会在车窗上面发现一排神秘的指示灯。这些小灯是用来干什么的呢？用来指示列车还有多少电吗？

指示灯的每种颜色都表示什么意思？

"复兴号"车窗上方的指示灯其实叫作座显指示灯，它用来显示每一

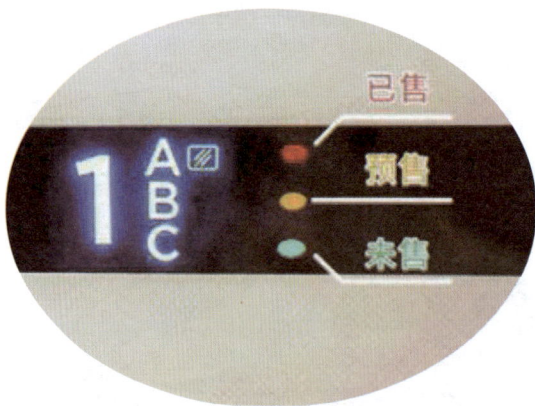

座显指示灯

个座位的使用信息。座显指示灯一共有红、黄、绿三种颜色，其中，红色表示这个座位在当前车站已经被售出，马上会有旅客入座；黄色表示这个座位在当前车站还没有被售出，但是在下一个车站已经被售出了；绿色表示这个座位在当前车站和下一

个车站都没有被售出。

通过座显指示灯，车上的旅客将了解每个座位的使用情况，可以在不影响其他旅客乘车的前提下适当换座。同时，列车员根据指示灯的颜色，能够判断出座位是否已经售出，或者有没有被其他旅客占用，从而方便他们进行车票查验。

"复兴号"是怎么知道座位上有人的？

看到这么先进的座显指示灯，有人就要问了："为什么'和谐号'没有这个功能呢？'复兴号'又是怎么做到提前知晓座位上是否有人的呢？"

座显指示灯是在我国近几年的高铁发展中才诞生的一项新技术，所以只有在最新的"复兴号"列车上才有，而传统的"和谐号"就只有羡慕的份了。这也是"复兴号"列车实现智能化的一个重要表现。

"复兴号"之所以能够提前知道座位是否有旅客乘坐，是因为在列车出发前和运行过程中，地面系统会通过无线网络，向列车发送最新的旅客购票信息，同时车载系统会对列车进行定位。每当列车到达一个新的车站时，车载系统会自动比对车票信息，判断座位是否有旅客乘坐，并更新座显指示灯的颜色。这样一来，"复兴号"就能够准确地显示每一个座位的使用情况了。

第三章
高铁长大了

自从 2008 年京津城际铁路开通以来，
中国高铁经历了成长，取得了进步，收获了成功。
中国高铁刚诞生的时候就像个婴儿，
需要向其他国家的高铁大哥们寻求帮助。
而如今，
中国高铁已是一名意气风发的"小伙子"，
和其他赛道的先锋一起，
肩负起了中华民族伟大复兴的重任。

中国高铁长大了，
它拥有发达的线路网络，
能够通达全国各地；
它拥有聪明的指挥大脑，
能够调度几千趟高铁列车同时运行；
它拥有完善的安全体系，
能够及时发现并处理任何故障；
它拥有周到的出行服务，
能够让每一位旅客都享受到
舒适便捷的旅途生活……

亲爱的小读者，
接下来让我们翻开第三章，
了解一下长大后的中国高铁吧！

高铁真厉害

1 列车运行控制系统，高铁安全运行的智能保镖

我国铁路早期对列车运行的控制是完全由司机根据地面信号人工完成的，容易因为人为操作不当发生事故。随着科学技术的发展以及保障列车安全高速运行的需要，列车运行控制系统应运而生。

列车运行控制系统简称列控系统，是根据列车在线路上的运行情况，对列车的运行速度和制动方式等状态进行监督、控制和调整的技术装备。它就像是一个聪明又负责的保镖，监督守护列车的运行。

目前，世界上其他国家的高速铁路都在使用列控系统，它已经成为所有高速列车的贴身保镖。我国铁路列控系统的全称是"中国列车运行控制系统"，英文缩写是 CTCS（Chinese Train Control System）。有了CTCS 的帮忙，中国高铁已经成为世界公认最安全的高铁。

铁路知识局

无线闭塞中心：为了保障列车的安全行驶、防止列车相撞，在同一时间，规定距离内只能允许一辆列车驶过，这段距离被称为闭塞区间。早期火车是通过信号机或人工确认闭塞区间，而现代高铁则是通过无线闭塞中心，也就是计算机及网络实现对闭塞区间的控制。

高铁的列控系统究竟厉害在哪里？

中国高铁使用的是 CTCS-2 级和 CTCS-3 级列控系统。以 CTCS-3 级列控系统为例，它包括车载设备和地面设备。车载设备包括人机界面显示设备、车载安全计算机、无线通信设备、测速设备、测距设备等；地面轨旁设备包括轨道电路、应答器等；地面室内设备包括无线闭塞中心、列控中心、临时限速服务器、计算机联锁、行车指挥中心等。

行车指挥中心根据行车计划形成行车序列发送到计算机联锁，计算机联锁根据该序列排列车站列车进路，并将进路信息发送到无线闭塞中心和列控中心。无线闭塞中心和列控中心生成行车许可后，通过无线网络、轨道电路及应答器将它发送给车载设备。车载设备根据收到的行车许可生成列车速度曲线，并监控列车运行。

中国高铁有了列控系统的保护后，变得更加安全了。

中国高铁列控系统让奔驰在祖国广袤大地上的高铁列车更安全、更智能。（刘慎库/摄）

2 列车调度员，高铁列车的指挥官

亲爱的小读者，你知道吗？在我国巨大的高速铁路网上，每天运行着超 6000 趟高铁列车。对于这么多高铁列车来说，它们行驶速度快，行车间隔时间短，如果没有人来指挥的话，稍不留神就可能发生追尾、相撞等事故。在城市的十字路口，当来往车辆很多的时候，常常会有交警叔叔来指挥交通。那么在铁路上，有没有人来指挥高铁列车运行呢？

谁在指挥高铁列车运行？

在我国，有一群神秘的指挥官，他们指挥着全国所有列车的运行。

24 小时灯火通明，平均每秒处理 3 趟客货列车信息，每天确认 2000 多条列车进路，发布 2000 多条指令。2022 年 2 月，为确保疫情防控期间铁路运输安全，保障生活防疫物资的及时供应，北京铁路调度指挥中心集结了 694 名调度人员，合力打赢了一场没有硝烟的战"疫"。

他们待在室内，通过操纵电脑来指挥列车运行，他们的名字叫作列车调度员。

我国铁路被划分成了 18 个区域，分别由 18 个铁路公司来管理。在每个铁路公司内，都设置了调度指挥中心，也就是调度所。列车调度员就在调度所中指挥列车运行，给管辖范围内的司机和车站下达调度命令。

在每一个调度所中，有很多个列车调度员，有的指挥高速铁路上的动车组列车，有的指挥普速铁路上的绿皮火车。对于一条又长又繁忙的铁路来说，要想让一个列车调度员管理整条线路上的几百列火车，显然行不通。所以一条铁路通常还会被分成很多个区段，每个区段设置一个调度台，每个列车调度员只需负责管理自己调度台管辖范围内的列车。

列车调度员如何指挥高铁列车运行？

在调度大厅内，每天 24 小时都是灯火通明的，键盘敲击声、电话声、发布命令声持续不断。列车调度员会时刻紧盯着眼前的电脑屏幕，监视着每一趟列车的运行情况，并通过远程调度指挥来维持列车运行秩序。当列车调度员发现某趟列车出现异常情况时，他就会使用身边的电话，直接联系列车司机，询问发生了什么情况。当列车速度太慢，出现晚点的时候，列车调度员也会通过电话来催促司机，让司机把列车开得再快一点。

除了给列车司机打电话外，列车调度员还会和车站的工作人员联系，询问车站的作业情况。如果动车组在车站内停车时间太久，就会耽误后面的列车进站，所以列车调度员也会经常催促车站抓紧时间作业。

列车调度员不仅要监督列车日常运行，当铁路出现突发情况，或者需要进行施工维修时，他们还需要及时向司机和车站下达调度命令。调度命令就是告诉司机和车站工作人员：铁路出现了什么问题、列车在运行时需要注意些什么、车站该如何组织工作等。

作为我国一种十分重要的交通方式，高铁每天都在繁忙运转着，这也就意味着每天都有列车调度员在忙碌地指挥列车运行。正是因为他们的辛勤付出，列车运行才如此井然有序，旅客也才能够安全及时地被送到目的地。让我们竖起大拇指，为这群在电脑面前默默付出的"铁路指挥官"们点赞！

3 列车运行图，让高铁在图纸上跑起来

　　为了让每一列高铁列车都能够安全、高效、有序地运行，列车调度员会待在调度所内，远程指挥管辖范围内的所有列车。那么问题来了，他们是怎么做到对每趟列车都了如指掌，而且还能安排得井井有条呢？这

就要提到一张神秘的图纸，它让列车调度员拥有了"纸上谈兵"的本事，它就是列车运行图。

什么是列车运行图？

列车运行图就是一张用来组织高铁列车运行的图纸，每一条高铁线路都有一张对应的列车运行图，而且线路上运行的每一趟高铁列车都能

动车组列车穿行在崇山峻岭中。（刘慎库／摄）

为什么运行图上的起始时刻是 18 点?

因为铁路上实行的是 18 点统计法，也就是在每天 18 点的时候需要把前 24 个小时的工作情况进行汇总统计，因此铁路部门就将当天 18 点到第二天 18 点作为一天，18 点也就成了新一天的开始时刻。

在列车运行图上找到。列车要往哪里开、什么时候开、途中要在哪些车站停靠、什么时候到站，都由列车运行图说了算。

根据列车运行图，列车调度员能够具体掌握每一趟高铁列车的运行情况。在遇到突发事件的时候，列车调度员可以通过修改列车运行图对列车的运行进行调整，从而维持列车的运行秩序。

列车运行图上都有什么？

列车运行图上大都是一些密密麻麻的线条，十几个站名、几百趟列车、上千组数字，相互交叉排列。

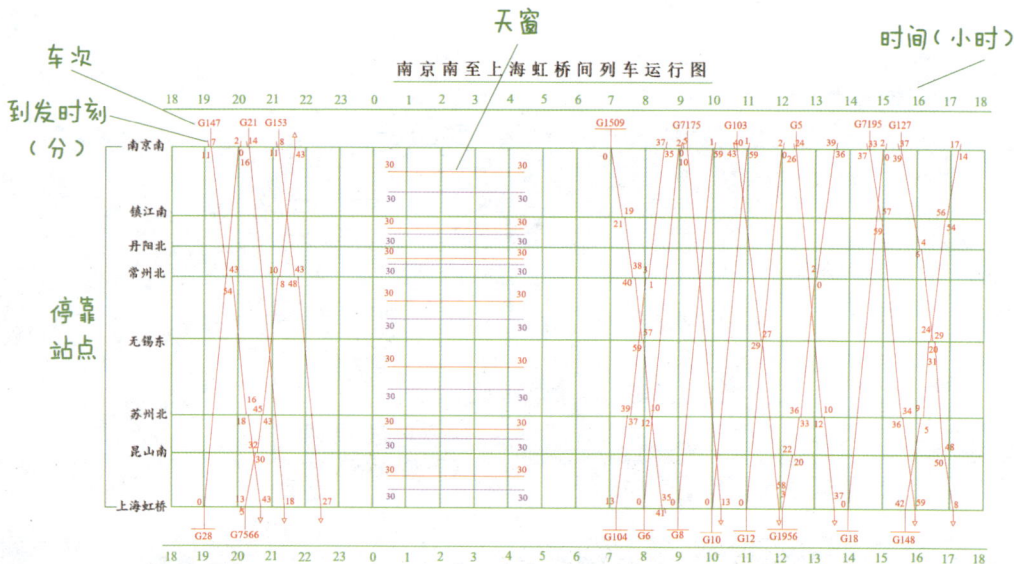

南京南至上海虹桥间列车运行图

列车运行图示例

在列车运行图上，我们能够看到一张大表格。这张表格把一条铁路线上的所有车站，以及一整天的时间都画在了上面，红色线条代表高铁列车。

首先让我们从上往下看这张表格，每一条横线代表一座车站，根据车站的排列顺序，线路上所有的车站都被标示在了这张表格中。

然后让我们从左往右看这张表格，不同的竖线表示一天内不同的时间。表格最左边从 18 点开始，依次为 19 点、20 点……，一直到表格最右边的第二天 18 点，这就将一天完整的 24 小时都画在了图上。

在列车运行图中，每一条列车运行线都会和表示车站的横线相交，交点处标示了列车到达这个车站，或从这个车站出发的具体时刻。如果运行线在与横线相交处断开，就表示列车需要在这个车站停车。

除了直线以外，列车运行图中还会有短横线，它们表示一条铁路在哪些时间段内可以进行施工维修。在这些地方，通常没有列车运行线穿过，就像是给列车运行图开了个口子，所以它们也被称为"天窗"。

老铁，我们来接你去休假咯！

复兴号

4 铁道上的高压电线，让高铁动力十足

亲爱的小读者，我们都知道：只有平时好好吃饭，营养充分，身体才会有力气。那我们的高铁列车拖着这么沉重的车厢，载着这么多的旅客，还能够跑得这么快，它们的力量来自哪里呢？

高铁列车运行的动力来自哪里？

高铁列车想要跑起来，需要巨大的动力，而这动力就来自电。我们都见过玩具小火车，只要给它装上几节小小的电池，它就可以"呜——"地向前跑起来。玩具小火车使用的电池，电压只有 1.5 伏，它们所释放的能量足够让玩具小火车跑上大半天了。

不过，对于一列真正的高铁列车来说，它从上海开到北京需要消耗将近 4 万度电，这么多电如果由电池来提供的话，需要约 2000 万节 5 号电池，总重量更是达到了 400 多吨！所以平时我们使用的电池是不能用来给高铁列车提供动力的。

高铁列车的动力来源，在它头顶的高压电线上，这些电线被称为接触网。接触网可不像小小的电池，它蕴含着巨大的能量，甚至有着十分可怕的威力。接触网的电压高达 27.5 千伏，是普通电池电压（1.5 伏）的18000 多倍，是家庭电压（220 伏）的 100 多倍，它能够瞬间将一块肉烤熟。只有电压这么高的高压电，才能够让高铁列车获得足够的能量跑起来。

长在高铁列车头顶的"辫子"

面对威力如此巨大的接触网，高铁列车是怎么样从上面获取电能，并做到来去自如的呢？

在高铁列车的头顶，长着一根长长的"辫子"，这根"辫子"叫作受电弓。受电弓的顶部和接触网触碰，能够将接触网中的电流引入列车中，电流经过车内设备的处理后，可以让列车的牵引电机工作，带动车轮转动，高铁列车就能跑起来啦。

受电弓顶部和接触网触碰的地方有一块滑板，它一般由石墨制成，所以也叫作碳滑板。在列车高速行驶的时候，碳滑板会和接触网产生摩擦，接触网就好像是一把钢丝锯切割碳滑板，很容易导致碳滑板磨损。如果在列车运行的过程中，碳滑板发生断裂，后果十分可怕，所以铁路部门每隔一段时间就需要对碳滑板进行更换。

受电弓和接触网的高速摩擦，还会让接触网像海面上的波浪一样，发生上下振动，使受电弓无法时刻与接触网触碰，这种现象称为受电弓"离线"。无论是在高速动车组还是在普通电力机车上，受电弓"离线"的现象都时有发生。受电弓发生"离线"时，列车一会儿有电，一会儿没电，这就使列车没有办法跑得很快。同时，"离线"还会产生电弧，也就是出现电火花，损坏受电弓和接触网。

　　为了让高铁列车跑得快，工程师们研发了更加先进的高速受电弓。即使列车行驶速度飞快，高速受电弓与接触网之间的压力也能够保持恒定，发生"离线"的次数很少。这样一来，高铁列车的动力更加充足，能轻松地一口气从上海跑到北京！

动车组列车和内燃机车牵引的普速列车相逢在吉图珲高铁哈尔巴岭。

（刘慎库/摄）

5 铁路信号，高铁通行的许可证

亲爱的小读者，你知道吗？火车的运行也要遵守规则，铁路上也有红绿灯，这些红绿灯被称为铁路信号，是火车在轨道上通行的许可证。在火车刚诞生的时候，铁路信号是由一个人骑着马来传递的。后来，在铁路的轨道边，出现了像马路上的红绿灯一样的地面信号机。而在如今的高铁列车上，动车组司机室内都安装了车载信号，司机在车内就能够看到信号了。接下来，让我们一起来了解一下不同类型的铁路信号吧！

马背上诞生的铁路信号

1825 年，在世界第一条商业运营的铁路——英国斯托克顿至达林顿铁路开通时，还没有铁路信号的概念。当时在火车运行的时候，司机会时刻紧盯着前方，当发现有人靠近或进入轨道时，就会鸣笛警告，让他们尽快离开。不过即使这样，也会出现行人躲避不及，与火车发生相撞的事故。所以这条铁路的指挥修建者斯蒂芬森还派了一位少年，让他在火车前面骑马先行。少年骑着马一路通知沿途的人们火车要开过来了，让他们做好避让措施，而这也就成了最早的铁路信号。

铁轨旁的红绿灯

随着火车行驶速度的提高，马儿逐渐跑不过火车了，这时候再想让少年通过骑马来传递铁路信号显然来不及，所以也就有了站立在铁轨旁的地面信号机。在众多类型的地面信号机

普速铁路轨道边经常可以看到的信号机

中，最具代表性的就是壁板信号机和色灯信号机。

壁板信号机上安装了几块长方形的壁板，通过壁板摆放角度的不同，来指示列车的运行状态，就像是一位打手势指挥交通的交警。当壁板处于水平位置时，列车就需要停车；当壁板下斜45度时，列车则可以继续运行。

色灯信号机和马路上的红绿灯相似，它由几个显示不同颜色的灯泡构成，通过点亮不同颜色的灯泡，来告诉列车该如何运行。当色灯信号机显示绿灯时，列车可以正常通过；而如果显示黄灯，列车则需要减速慢行；当显示红灯时，列车就需要停车。

高铁动车组上的车载信号

在高速铁路上，列车的运行速度非常快，完成百米冲刺最短只需要1秒。如果在高铁上仍旧使用地面信号机的话，司机可能都来不及看清楚信号机显示的是什么颜色，列车就已经"呼"地一下开过去了。所以这时候，地面信号机已经不能胜任指示列车运行的工作了，一种更加先进的信号设备诞生了，它就是高铁列车上的车载信号。

车载信号就是安装在列车上的信号机。为了让高铁司机能够看清列车运行信号，在动车组司机室中的操纵台上，安装了一块用来显示信号的电子屏，上面有一个显示不同颜色的指示灯。车载信号系统从地面接收信号信息，根据不同的信息类型，指示灯会显示相应的颜色，从而起到提示司机的作用。

除了有会变色的指示灯外，在电子屏上还有一个很大的速度仪表盘，它不仅可以让司机知道列车当前的速度是多少，而且还能够提示司机需要将列车的速度控制在什么范围。一旦列车超速，仪表盘上的指针就会变红，同时显示红色光带，发出超速警告。而当列车需要减速的时候，仪表盘上会提前显示黄色光带，提示司机需要将车速逐渐下降到合适的范围。

6 动车组检修，高铁列车的定期"体检"

我们在上学的时候，通常每个学期都会有一次体检。高铁上的动车组其实和我们一样，也需要定期进行"体检"，只有符合运行标准的动车组，才可以为旅客服务。

高铁动车组多久"体检"一次？

为了预防高铁上的动车组"生病"，当动车组工作了一定的时间，或者行驶了一定的里程后，铁路部门就需要对动车组进行检修。

动车组的"体检"从一级修到五级修，分为五个等级。一级修和二级修是日常对动车组进行的快速检查维修，也叫作"运用修"。一般来说，动车组每隔两三天就要进行一次一级修，每隔一个月左右就要进行一次二级修。每隔一两年，动车组就要进行一次更大规模的"体检"，也就是

夜晚的上海动车段（刘慎库/摄）

三、四、五级修，它们也被称为"高级修"。高级修是对动车组进行的一次全面彻底的"体检"，需要把动车组的各个零部件都拆解下来进行仔细检查。对于老化或者出现故障的零部件，检修人员会进行更换或维修。高级修相当于给动车组来了一次大换血，进行完高级修之后的动车组几乎就跟新车一样，又能够以最饱满的状态在铁道上疾驰了。

高铁动车组在哪里进行"体检"？

动车组进行"体检"的地方是动车运用所、动车组检修基地以及主机厂。

动车运用所就像是我们的社区医院或小诊所，在这里可以给动车组进行一级修和二级修。动车运用所内包括了检修库和存车场，需要进行运用修的动车组会来到检修库，由机械师们为它们进行简单的检查维修。之后，动车组会在洗车机上舒舒服服地洗一个澡，并在存车场里踏踏实实地睡一个好觉，准备迎接第二天新的工作。

当动车组需要进行高级修的时候，动车运用所的设备就不能满足对它进行全身"体检"的要求了，所以动车组会被送到动车组检修基地或者主机厂去。

如果说动车运用所是一个小诊所的话，那么动车组检修基地就相当于是一家大型三甲医院，这里配备了更多更先进的设备，能够对动车组进行更全面的检查和维修。

主机厂是动车组的生产制造厂，它们有充足的动车组零部件和检修设备，能够对动车组进行全面检修甚至重造。动车组的任何疑难杂症，在这里都可以得到解决。

7 妙手回春"黄医生"，高铁的健康专家

要想让高铁列车跑得又快又安全，除了需要对动车组进行定期检修外，还需要按时对高铁线路进行检查和养护。在高铁线路上，经常会出现一些身穿"黄大褂"的列车，当线路出现故障的时候，它们就会及时出手"医治"，所以它们也被称为高铁"黄医生"。

铁路的养护小能手

想要给铁路做养护，可不是一件容易的事情，因为每一道工序都需要由不同的"医生"来操刀。

道砟清筛机主要用来清理道床，它可以把被污染的道砟挖出来进行清理，然后把干净的道砟回填到路基上。它就像是一位清道夫，让道床保持干净整洁。

捣固车能够对道床进行调整和加固，它的"机械手"可以将轨枕下的道砟压实压密，提高轨道的稳定性。

配砟整形车可以调整道床的形状，让道砟均匀地分布在路基上。配砟整形车就像是一台耕地机，只要是它开过的地方，道床就会变得平整美观。

动力稳定车可以增强道床整体的稳定性，消除道砟之间的间隙，把道床压得更加紧实。轨道在经过稳定作业后，就能够让列车运行得更快更平稳。

钢轨打磨车能够对钢轨进行打磨，消除钢轨上出现的缺口、裂纹和锈斑。它就像一块磨刀石，能够把钢轨磨得锃光瓦亮。

为高铁线路做体检的"黄医生"

在高速铁路上，有时会出现一列外观金黄的动车组列车，它就像一道闪电，跑起来飞快。不过，它从不载客，因为它的真实身份是高速综合

忙忙碌碌的"黄医生"（罗春晓／摄）

检测列车，是大家最熟悉的高铁"黄医生"。

高速综合检测列车除了车身为黄色以外，在外观上和普通动车组没有区别，列车内部却大有名堂。高速综合检测列车内部的设施非常复杂，各种检测设备一应俱全。

就拿 CRH5J "0 号高速综合检测列车"来说，它有 8 节车厢，分别是通信信号检测车、会议车、接触网检测车、数据综合处理车、轨道检测车、餐车、卧铺车、信号检测车。工作人员不仅能够在这列动车组上对线路进行检测，还可以在上面开会、休息、吃饭，它可以说是一栋可移动的办公楼和宿舍。

在一条新的高铁线路要开通前，高速综合检测列车会对整条线路进行一次严格的全面体检，检测轨道、通信信号、接触网等各种基础设施是否达到开通的要求。只有当检测报告完全合格后，高铁才可以正常开通运营。所以一条高铁线路合不合格，全都由高速综合检测列车说了算。

除了对新建高铁线路进行检测，高速综合检测列车还要在全国各地到处奔波，定期巡逻检测每一条已经开通的高铁线路。

高速综合检测列车全年无休，有了它不辞辛苦的工作，才有了高铁列车的安全运行。

高铁好神秘

1. 同一列高铁列车，坐着坐着车次变了，是坐错车了吗？

在乘坐高铁列车的时候，我们可能会发现列车的车次在半路发生了变化，使得车票上的车次和实际的列车车次不相同。出现这种情况并不是我们坐错了火车，而是火车运行的上下行方向发生了改变。

什么是火车运行的上下行方向？

在我国铁路上有一个规定：列车如果是朝着北京的方向运行，那么就称列车的运行方向是上行；列车如果是远离北京的方向运行，那么就称列车的运行方向是下行。

假设有一列高铁列车从上海虹桥站开往西安北站，列车在从上海虹

桂林北站附近的两列上、下行动车组列车

桥站开往徐州东站的过程中，是在朝着北京方向运行，所以列车就是上行。而列车到达徐州东站，并向西安北站继续运行的时候，就变成了背离北京方向运行，所以列车也就变成下行，这时列车的车次也将发生改变。

火车运行的上下行方向和车次有什么关系？

在我国，火车车次是根据列车运行方向来确定的。上行列车车次尾数为双数，也就是0、2、4、6、8；下行列车车次尾数为单数，也就是1、3、5、7、9。所以，当列车运行的上下行方向改变时，车次尾数就会发生变化。

以上海虹桥站开往西安北站的G360次列车为例，当它从上海虹桥站开往徐州东站的时候，运行方向为上行；而当它从徐州东站开往西安北站的时候，运行方向改为了下行，车次也就变成了G361次。

2. 管内列车和直通列车有什么区别？

亲爱的小读者，你知道吗？旅客列车根据运行范围的大小，分为管内列车和直通列车。那么，管内列车和直通列车之间有什么区别呢？

管内列车指的是只在同一个铁路局管辖范围内运行的列车，比如从北京北站开往太子城站的 G8811 次列车，以及从北京西站开往石家庄站的 G6701 次列车，它们都在北京局管内运行。管内列车的运行里程一般比较短，运行时间也比较短，我们一般把它称为短途车。

直通列车，也就是跨局列车，是指运行经过两个及以上铁路局管辖范围的列车，像从北京南站到上海虹桥站的 G1 次列车，从重庆北站到北京西站的 G310 次列车。直通列车运行里程远，时间长，我们一般把它称为长途车。

如何区分管内列车和直通列车？

一般来说，我们可以通过列车车次中数字的大小来区分它是管内列车还是直通列车。车次数字比较小的，一般是直通列车，数字比较大的则是管内列车。比如在高速动车组旅客列车中，车次为 G1~G4998 的列车就是直通列车，而车次为 G5001~G9998 的列车就是管内列车。

在直通列车中，还有一个隐藏的小福利呢！当你乘坐"G"字头直通列车时，如果你购买的是一等座车票，就会领到免费的小零食和饮料哟，但是如果你购买的是管内列车或"D"字头直通列车，就没有咯！

3. 火车票的票价是怎样计算的？

我们乘坐火车都需要购买车票，那么你知道火车票中都包含了哪些内容吗？火车票的票价又是怎么算出来的呢？

普速列车的票价是怎么计算的？

普速列车的车票包括客票和附加票两部分。其中，客票是车票中的基础部分，只要你乘坐火车，就一定要购买客票，这也是火车票中的"必选项目"。

附加票包括了加快、卧铺、空调等一些火车的附加功能，可以由旅客自由选择。当你乘坐的火车速度比较快，并且车厢内有空调和卧铺时，附加票的金额就会比较高，反之则会便宜一点。

1997 年，伴随着全国铁路的第一次大提速，软纸式车票开始全面普及。

我国普速列车车票的票价是根据行程的总里程，结合铁路基本票价率 0.05861 元 /（人·千米），再经过一定比例换算后确定的。我国铁路的基本票价率已有几十年未曾调整，所以我国普速列车车票的票价也一直是几十年前的价格。

高铁列车的票价是怎么计算的？

对于高铁列车来说，每一条高铁线路都有对应的运价率，也就是我们乘坐列车每经过 1 千米，所需要支付的金额。而将两个车站之间的铁路里程乘以运价率，就是高铁车票的价格了。

例如，沪杭高铁 "G" 字头列车二等座的运价率约为 0.46 元 / 千米，列车从上海虹桥站到杭州东站的行驶距离大约是 159 千米，所以列车全程二等座的票价也就是 73 元。

不过高铁票价并不是简单地完全按照里程乘以运价率来计算的，其中还隐藏了一个"小福利"。当出发和到达车站之间的距离超过一定里程时，列车票价就会打折。一般情况下，距离不超过 500 千米时，车票不打折；如果超过 500 千米但不超过 1000 千米，超出部分的票价打 9 折；如果超过 1000 千米但不超过 1500 千米，超出部分的票价打 8 折，以此类推。这种现象被称为"递远递减"规则，并且在普速铁路票价上，同样也有类似的"福利"哟。

4.怎样才能够更便捷地买到火车票?

在寒暑假、国庆、五一等假期，大家选择乘坐火车出门旅游的时候，想买到一张火车票可不是一件容易的事。那么火车票为什么会这么难买呢？有什么方法能让我们轻松便捷地买到火车票呢？

火车票为什么这么难买?

在客流高峰期，即使火车票刚发售，我们也会看到满屏的"无票"。其实这里的"无票"并不一定是火车票卖完了，也有可能是火车票被限售了。

限售指的是火车票在一些车站被限制出售，即使列车内还有很多空座位，这些车站也无法发售车票。铁路部门对火车票进行限售，是为了满足长途旅客的乘车需要。如果铁路部门把所有的车票都卖给了短途旅客，就没有多余的车票卖给长途旅客了。

一般在临近火车发车的时候，如果长途车票还没有卖完的话，这些车票就会被解除"限制"，旅客又可以继续正常购买这些车票了。

能够轻松买到火车票的小技巧

●提早买票

火车票在网上的预售期一般是 15~30 天，如果行程能够提前确定的话，可以尽早购买车票，这样买到车票的概率更大。

- **买长乘短**

当出现车票限售时，可以适当延长乘车区间，也就是根据火车的停站顺序，向发站之前或者向到站之后多买几站，这样也更容易买到票。

- **12306 候补购票**

当无票时，不要盲目地在抢票软件上抢票。正确的做法应该是在"铁路 12306"网站或手机 APP 上进行候补购票，候补购票的成功率可是相当高的。

5. 无座火车票为什么不能打折出售 ?

我们在买火车票的时候，如果买得比较迟，就会遇到无座车票，也就是"站票"。这时我们会发现，买了无座票后虽然只能站着，但是花的钱和有座票是一样的。那么既然无座票没有座位，为什么不能便宜一点呢？

其实，当我们买到有座车票的时候，虽然票面写明了座位的位置，但是其实票价中是不包括这个座位的。这就好比是乘坐地铁或公交车，我们上车得越早，就越有可能占到座位。乘坐高铁也是这个道理，它只是给提前购票的旅客"赠送"了一个指定位置的座位。

如果无座火车票打折出售的话，一些为了省钱的旅客就会去购买无座票，有座票可能就卖不完，火车可能会出现一些空座。这时，如果购买无座票的旅客去坐这些空座的话，购买全价有座票的旅客就会感觉到不公平，他们会想：为什么购买打折无座票的旅客也可以坐全价票的座位呢？所以，就算火车只剩下无座车票了，也不会打折出售。

6. 高铁列车为什么会晚点？

你知道吗？我国的高铁列车不仅跑得非常快，而且还十分准时。在京沪高铁上，"复兴号"列车几乎趟趟准点，它的始发和终到准点率在95%以上。不过有时候高铁列车也会晚点。那么，到底是什么原因导致了高铁列车晚点呢？

恶劣天气或自然灾害是导致高铁列车晚点的最主要原因，而其中最常见的就是大风导致的列车晚点。在一条高铁线路上，当风力超过7级时，列车就必须限速运行。风力越大，列车运行的速度就越慢。当风力超过11级时，高铁列车就必须停运。当然，除了大风之外，大雨、大雪、冰雹、沙尘暴都会导致列车限速或停运。列车一旦限速或停运，就十分容易发生晚点。而且，列车还必须乖乖地等待恶劣天气或自然灾害过去之后，才能继续正常运行。

此外，各种突发情况也会导致列车晚点。例如，当高速铁路的接触

等待发车的动车组列车

网上悬挂了异物时，列车必须临时停车，直到异物被清理干净后才能继续行驶。而如果高速铁路上的其他设备出现了故障或者发生意外，那么同样需要等到相关人员维修或处理完毕后，列车才能够正常运行。

7. 为什么高铁列车 还没到站就停止检票了？

经常乘坐高铁列车的你可能会遇到这样一种情况：有时高铁列车还没有到达车站，候车室检票口就已经停止检票了，而且检票口还有像"开车前 5 分钟停止检票"这样的提示语。

为什么车站要提前几分钟停止检票？

乘坐公交车时，我们只需在公交站台等待，公交车到站后，我们就能立刻上车。可是乘坐高铁列车就不一样了，我们到达车站后要在候车室内等待，直到检票后才能去站台乘车。

高铁车站一般非常大，从候车室到站台可能需要走好几分钟。如果我们赶在列车开车前的最后时刻才检票的话，很有可能就来不及上车了，而且跑得太匆忙的话很容易发生意外。

为了让我们乘车更有秩序，确保每一位检票旅客都能够上车，铁路部门根据车站的结构，经过科学合理的计算，确定了每一座车站中每一个站台的停止检票时间。普通高铁车站一般在列车开车前 3~5 分钟停止检票。

提前 12 分钟停止检票的"急性子"车站

在我国有一座"急性子"车站，在列车开车前 12 分钟它就停止检票了，这座车站就是京张高铁上的八达岭长城站。它为什么如此急性子呢？原来，八达岭长城站位于长城脚下，是世界上埋深最大的高铁站，最大埋深约 102 米，仅站台和地面站房之间的垂直提升高度就达到了近 62 米。

旅客在八达岭长城站乘车时，从进站到站台一共需要乘坐 3 部扶梯，其中有一部长约 82 米的超级大扶梯，光在这部电梯上就要花费近 3 分钟的时间。所以为了确保车站工作安全有序，给每一位旅客都留足去站台乘车的时间，八达岭长城站便有了在列车开车前 12 分钟就停止检票的规定。

没赶上高铁列车该怎么办?

要是我们因为迟到而错过了高铁列车，难道就只能眼睁睁看着列车远去而白白浪费了购买的车票吗？当然不是啦，这个时候我们首先要做的就是在手机上或者去售票窗口办理车票改签业务。

所谓改签，就是改变我们所要乘坐的列车车次。我国铁路部门规定最多可对一张火车票进行一次改签，也就是说如果你没来得及赶上列车，还有一次机会可以选择当天24点之前其他有余票的列车乘坐。所以就算因为迟到而没赶上高铁列车，你也不用太慌张。不过，为了减少给自己和他人带来的麻烦，我们都要给高铁出行留出足够的时间哟。

列车10点出发，车站提前5分钟停止检票，从这里到车站需要半个小时，我们最晚几点出发？

哎呀，没想到乘坐高铁还得会做数学题！

8. 高铁列车为什么不在晚上运行？

亲爱的小读者，你知道吗？高铁列车一到晚上就都不见了，好像和我们玩起了"躲猫猫"一样。那么为什么高铁列车在晚上就不运行了呢？

"天窗"，高铁线路的保养维修时间

为了让高铁列车能够在白天正常运行，铁路部门会在晚上对高铁线路进行全面的维修和养护，这段时间被称为"天窗"。

在"天窗"期间，高速铁路上是不允许有列车运行的，这样一来，维修人员就可以来到高铁线路上，对轨道、接触网、信号等设备进行全面检查。

高速铁路的"天窗"一般会持续几个小时，也就是从深夜到凌晨的这段时间。当我们都在呼呼大睡的时候，维修人员却在忙碌地工作。在经过仔细的检查和维修后，高速铁路上才允许列车运行。

全天最后一趟动车组列车驶离车站，整个站台显得冷冷清清。

动车组在晚上也需要休息

除了高铁线路在晚上需要检查和维修外，我们的动车组在晚上也需要休息。运行了一天的动车组，每天晚上都需要回到动车运用所，舒舒服服地洗一个澡，接受简单的日常维修和整备作业，然后就可以踏踏实实地睡一觉，用饱满的状态来迎接第二天的工作。

9. 列车也分三六九等吗?

亲爱的小读者，你有没有产生过疑问：为什么在列车车次的前面会有一个字母，而且字母又各不相同呢？这些字母都是用来干什么的？其中究竟隐藏着什么秘密呀？其实，每一个字母都表示了一种列车类型，通过在车次前添加字母，就能够方便地对不同列车进行分类了。

不同的字母都代表着什么类型的列车?

在 20 世纪, 我国铁路上的列车数量还不是很多。那时候, 列车车次前没有字母, 仅仅是通过数字的大小来给列车划分等级, 数字越小, 列车的等级就越高。

可是随着列车数量的增加, 为了避免列车车次重复, 也为了更加方便地区分列车等级, 铁路部门就在车次前面添加了拼音字母。下面这些列车车次前的字母, 你都认识多少呢?

"G" 是 "高" 字的首字母, 指的是高速动车组旅客列车, 也就是大家经常说的 "高铁", 它是我国铁路中等级最高的一种列车。"G" 字头列车的最高运行速度可以达到每小时 300~350 千米。

"D" 是 "动" 字的首字母, 指的是动车组旅客列车, 也就是大家经常说的 "动车", 它的最高运行速度一般在每小时 200~250 千米。相比于 "G" 字头列车, "D" 字头列车的等级要低一些, 票价也相对便宜。

"C" 是 "城" 字的首字母, 指的是城际动车组旅客列车。在一些高速城际铁路上, "C" 字头列车的最高运行速度可以达到每小时 350 千

一列即将开往北京南站的 "C" 字头城际列车

米；而在一些普速铁路上，"C"字头列车的最高运行速度可能只有每小时160千米。

"S"是"市"字的首字母，指的是市郊或市域铁路旅客列车。市郊或市域列车主要供人们上下班乘坐，满足通勤需求，所以列车的运行速度比较慢，停靠站点也比较多。

以"K""T""Z"字母开头的列车是普速铁路上的常客。"K"是"快"字的首字母，指的是快速旅客列车，列车最高运行速度为每小时120千米。"T"是"特"字的首字母，指的是特快旅客列车，列车最高运行速度为每小时140千米。"Z"是"直"字的首字母，指的是直达特快旅客列车，列车最高运行速度为每小时160千米。

"Y"是"游"字的首字母，指的是旅游列车。每当到了一年的旅游旺季，铁路部门就会加开这样一些旅游专列，让旅客乘着火车到处游山玩水。

铁路上偶尔还会出现"L"开头的列车，"L"是"临"字的首字母，指的是临时旅客列车。临时旅客列车是根据实际需要临时加开的，当运输任务完成后就停运了。

还有一些车次是没有字母的，它们只有四位数字，包括了普通旅客列车和通勤列车。这些列车的等级很低，速度也比较慢，在我国铁路上已经比较少见了。

10. 为什么高铁列车会在一些车站停很久？

高铁列车到站后，一般只停车几分钟，然后就继续向下一个车站运行。但有些时候，列车会在车站停留较长时间，这又是为什么呢？

列车需要折返运行

原来，有些时候列车并不是始终朝着一个方向运行的，它需要在一

动车组驶过松花江高铁大桥。（刘慎库 / 摄）

些车站折返。列车的折返就是"动车组换端"，将原本的车头变成车尾，将车尾变成车头，让列车朝着反方向继续运行。

当列车在车站折返的时候，司机需要从列车的一端走到另一端，列车员也需要将车内的座椅换向，这就增加了列车的停站时间。

列车需要更换司机

为了防止疲劳驾驶，高铁司机的连续开车时长一般不能超过4个小时。所以对于一些长途高铁列车来说，它并不是由一位司机全程驾驶的，而是需要在途中的一些车站更换司机。司机之间进行交接班的过程，也会增加列车的停站时间。

列车需要进行"补给"

动车组列车上的水和餐食都是有限的，所以当列车运行很长时间后，可能会出现水箱储水不够、快餐供应短缺的情况。这时候，一些车站就会给列车提供"补给"，比如给动车组的蓄水箱加水、向餐车提供新鲜的快餐等，让列车"元气满满"地完成接下来的工作。

11. 两列动车组为什么会被连接在一起？

你见过两列动车组"头碰头"的场面吗？这种现象叫作"动车组重联"，就是将两列短的动车组连挂在一起后，形成一列更长的动车组。那么，为什么要把两列动车组连接在一起呢？

动车组重联有什么优点？

动车组采用重联方式运行，这种方式最大的好处就是能够灵活应对旅客数量的变化。当旅客数量很多的时候，可以把两列短的动车组重联，让一趟列车能够运输更多的旅客；而当旅客数量很少的时候，就可以把重联动车组拆开，只让其中一列短的动车组运行。这样不仅合理利用了动车组资源，也减少了能源消耗。

动车组重联有什么缺点？

由于重联的是两列不同的动车组，所以两列动车组中间就不能互相连通。如果你和你的小伙伴买了同一车次列车上两个不同编组的车票，那么在列车运行的过程中你们可就不能"串门"了。

重联在一起的动车组列车

动车组重联有什么条件?

其实,并不是所有的动车组之间都可以重联,动车组重联是有一定条件的。在我国铁路上,只有 4 节、8 节或者 9 节车厢的动车组列车才可以重联运行,而 16 节、17 节或者 18 节车厢的列车是不允许重联的。在"和谐号"动车组中,只有相同车型的列车才可以重联运行,而"复兴号"动车组则可以实现不同车型之间的重联。

12. 高铁列车上什么东西不能碰 ?

我们在乘坐高铁列车的时候,往往都有一颗好奇心,看见一些新奇的东西便想去摸一下。但是你知道吗? 在列车上有一些设备可是禁止随意触碰的。

紧急制动阀

在动车组车厢的顶部,我们会看到一个长得像门把手的红色设备,这是列车的紧急制动阀。紧急制动阀是在突发情况下,由列车工作人员进行操作,让列车紧急制动停车的设备。如果旅客随意触碰紧急制动阀,可能会使正常行驶的列车突然停车,危害铁路行车安全。

紧急破窗锤

在动车组的车窗旁边,会配备红色的紧急破窗锤。正常情况下,旅客是不能随意使用紧急破窗锤的,只有当列车发生意外时,旅客才可以拿下紧急破窗锤,用其尖部敲击车窗上的红色圆圈位置,从而快速打破车窗,逃离列车。

SOS 紧急呼叫按钮

在动车组的卫生间内,设置了 SOS 紧急呼叫按钮。旅客在使用卫生

间时如果遇到紧急情况，可以按下 SOS 紧急呼叫按钮进行求救，而在正常情况下不能随意使用该按钮。

除了上面这些设备以外，动车组列车内其他带有红色警示标志的设备设施也是不能随意触碰的，比如列车的开关门按钮、灭火器等。

13. 坐高铁的时候不能携带哪些东西？

高铁列车车厢是一个密闭的空间，如果危险物品被带上车，一旦出现意外，后果不堪设想。所以，铁路部门对旅客乘车时随身携带的物品进行了限制，危险物品是严禁携带上车的，有些物品则允许少量携带。

禁止携带的物品

● 枪支、子弹类。像气枪、猎枪、裁判员的发令枪都是不能携带上车的。对于爱好军事的小朋友来说，枪支的样品、仿制品也是不能携带上车的。

● 爆炸物品类。爆炸物品类除了炸弹、雷管等危险物品，还包括了小朋友喜欢玩的烟花、爆竹，这些物品都是不能携带上车的。

● 管制器具。像匕首、菜刀、电击枪、斧子等也是禁止携带上车的。

● 易燃易爆物品。像酒精、汽油等易燃易爆物品都是禁止携带上车的。

● 剧毒性、腐蚀性、放射性、感染性物品。像盐酸、硫酸等危险物品是禁止携带上车的。

● 危害列车运行安全以及其他禁止携带的物品。除了导盲犬和包装完好的水产类动物以外的动物、有强烈刺激性气味的物品都是不能携带上车的。

限制携带的物品

在保证旅客安全的前提下，为了尽可能地方便旅客出行，铁路部门允许限量携带一些生活中常用的物品。旅客可以携带两盒安全火柴、两个普通打火机，以及少量的消毒酒精、花露水等物品。

14. 为什么在高铁车厢内不能吸烟？

经常乘坐火车出行的小朋友会发现，在普速列车的车厢内或者车厢连接处，有时会有一股烟味。这说明有旅客在列车内吸烟了。而在高铁列车上，闻不到任何烟味，这是因为高铁列车是全列禁烟的。那么为什么高铁列车上不能吸烟呢？

高铁列车的车厢是一个人员高度密集、空间高度封闭的场所。如果有人在高铁列车内吸烟，烟雾会一直在车厢内弥漫，危害其他旅客的身体健康。

同时，高铁列车内的座椅等设备都是易燃物品，如果有烟头落在这些物品上，就非常容易引发火灾。由于高铁列车的运行速度很快，列车一旦着火，火苗就会迅速蔓延到整趟列车，后果不堪设想。

所以在高铁列车的车厢中，安装了很多烟雾报警装置，一旦检测到有旅客在列车内吸烟，烟雾会立刻触发报警系统，列车会减速慢行，甚至停车。高铁列车在半路停车，会影响到铁路的正常行车秩序，导致列车晚点。因此，旅客在乘坐高铁时，是绝对不能吸烟的。

旅客如果在高铁列车上吸烟，会被处以罚款，并纳入铁路失信人员名单，180天内限制乘坐火车。所以如果发现周围有人想要在高铁列车内吸烟，我们一定要立刻劝阻他。

15. 什么是高铁静音车厢？

嘘！别说话了，快保持安静。在这节特殊的车厢里，是不允许发出很大声音的哟，因为这里是高铁静音车厢。

静音车厢有什么特点？

在高铁静音车厢里，没有响亮的广播提示音，没有人大声喧哗，没有嘈杂的手机铃声，甚至都没有旅客聊天的声音。高铁静音车厢最大的特点就是安静，在车厢内的所有旅客和工作人员都不允许发出很大的声音。

在静音车厢内，你一定要记得把手机调成静音或振动状态，如果要看视频、玩游戏的话，可以佩戴耳机。如果你需要接打电话或和其他人聊天，就要到车厢的连接处去。静音车厢内的广播也会降低音量，避免打扰旅客休息。

如何购买静音车厢的车票？

在"铁路 12306"网站、"铁路 12306"手机 APP、自动售票机等渠道

购买车票时，如果车次上显示有一个"静"字，就说明这趟列车内有静音车厢。

我们如果想要乘坐静音车厢，只需在购票时勾选"请优先为我分配'静音车厢'席位"的选项，系统就会优先为我们分配静音车厢的座位。当静音车厢内还有余票时，我们就可以成功买到静音车厢的车票啦。

还在等什么，快去静音车厢，体验一把安安静静乘坐高铁的感觉吧！

16. 高铁列车上的工作人员，他们都是谁？

在高铁列车上，我们会看到一些身穿制服的工作人员，他们就像是贴心的朋友，在旅途中一路陪伴着我们。你知道这些工作人员都是谁吗？他们又是干什么的呢？

列车长

高铁列车长穿着笔挺的制服，在他们肩膀两侧的肩章上，会有一道鲜艳的黄杠；在他们的手臂上还会有一个臂章，上面写着"列车长"三个字。

列车长是一列高铁列车的指挥官，他（她）需要对全列车进行巡视，处理列车上出现的各种问题，并做好旅客服务工作等。我们在乘车时无论遇到什么困难，都可以随时向列车长寻求帮助，他（她）一定会细心认真地为我们解决。

列车员

列车员穿着和列车长十分相似的衣服，只是他们制服的肩章上没有黄杠，手臂上也没有臂章。

列车员会为旅客提供贴心的服务，比如当我们需要补票的时候，他们会认真地帮我们重新开具车票。列车员还是列车长的得力小助手，当列车长忙得团团转的时候，他们也会尽力为列车长分担工作。

列车保洁员

在高铁列车上，还有一类穿着清洁服的工作人员，他们就是列车保洁员。列车保洁员是列车上的卫生管家，他们会时刻打扫车厢内的卫生，包括地面、卫生间等，同时还要定时收集清理旅客产生的垃圾。

我们之所以能够享受到这么干净整洁的高铁旅行，可多亏了列车保洁员的努力呢。

随车机械师

在列车上，我们还会见到一位穿着铁路制服的叔叔或阿姨，他（她）不戴大毡帽，而是戴着一顶鸭舌帽，并且在他（她）制服的肩章上，同样有一道黄杠。不过，他（她）不是列车长，而是随车机械师。

随车机械师不是为旅客服务的，他们是高铁列车的"出诊医生"，负责全程跟着高铁列车，监视列车的运行情况。一旦动车组出现问题，他们就需要立刻"出诊治疗"，处理各种故障，保证列车的运行安全。

乘警

乘警就是在高铁列车上的警察，他们穿着威风凛凛的制服，是高铁列车上的安全卫士。他们在车厢内巡逻检查，提醒旅客注意生命财产安全，并随时准备和高铁上的违法犯罪行为做斗争。有了乘警的守护，我们的旅途会变得更加安全。

餐服员

乘餐服员主要为旅客提供餐饮服务，他们会为点了餐的旅客加热食物并将其送到座位上，也会时常推着装满零食、饮料的小推车在车厢内售卖。在餐服员的帮助下，我们的高铁之旅能够始终与美食相伴。

我是列车长。

我是列车员。

我是保洁员。

我是看热闹的。

那你是？

17. 高铁列车上的垃圾和便便都去哪里了？

我们在乘坐高铁时会产生垃圾，也会去卫生间排泄便便，那么你知道动车组上的这些垃圾和便便都到哪里去了吗？

垃圾都去哪里了？

在高铁列车上，每个座椅后面都放置了垃圾袋，旅客需要把产生的垃圾丢入垃圾袋中。列车保洁员会定时对车厢进行清洁，并在列车到站前对车厢内的垃圾进行收集。在列车到达车站后，列车保洁员会将列车内的垃圾放到站台上的指定位置，之后会由车站的工作人员对它们进行处理。

便便为什么消失了？

早期普速列车的卫生间大多采用直排式，便器通向轨道，会把便便直接排放到铁路线上。但是高铁列车就不同了，它采用了真空集便器，旅客上完卫生间后，只需轻轻按下出水按钮，集便器就会把便便吸进接收槽中。在列车抵达终点后，作业人员会使用吸污管将接收槽内的便便吸出，并进行无公害处理。

集便器的使用让旅客可以随时随地方便地使用卫生间，而且也让列车不再"随地大小便"，使得高铁沿线更加干净。

有了集便器，列车不再"随地大小便"。

第四章
高铁有个梦

高铁有个梦，
它想让列车跑得更快，
它想让轨道遍布每个角落，
它想让调度指挥变得更加简单，
它想让乘客的旅途变得更加
安全舒适……

近十几年来，
中国高铁从来没有停止向前发展的脚步。
从老旧的无线电对讲机，
到高速的铁路 5G 通信，
从慢慢悠悠的绿皮火车，
到飞奔疾驰的"复兴号"智能动车组，
上一代人寄托在中国高铁上的梦想，
都已经成为现实。

在未来，
高铁会长成什么样？
列车的速度会有多快？
铁路的轨道会有多长？
快打开你的脑洞，
为中国高铁添上一个新的梦！

高铁真厉害

1 5G 技术，助力更快高铁

5G 来啦！5G 可是一项了不起的技术，以前几个小时才能下载完的电影，现在有了 5G 只需要几秒钟就行了。你知道吗？5G 其实已经和高铁合体了哟，这可真是快上加快呀！

什么是 5G？

5G 是"第五代移动通信技术"的简称，它是 3G、4G 的升级版。5G 比之前的版本更加厉害，而且厉害得不是一星半点，简直可以用突飞猛进来形容！

5G 的第一个亮点是大带宽。带宽是指网络在单位时间内能够传输的数据量。带宽越大，网速就越快。和 4G 比起来，5G 的网速可以达到它的 100 倍。

5G 的第二个亮点是低时延。时延指的是信息从一端发出后，传送至另一端所花费的时间。就像我们在网上买了东西，有的快递公司送货很快，有的快递公司送货却很慢。在用 4G 上网的时候，我们经常会遇到卡顿，这主要就是时延太长的缘故。如果让 5G 出马，它几乎可以做到零时延、零卡顿。

5G 的第三个亮点是广连接。连接可以理解成一个网络中，同时上网的人数。4G 网络的连接数量很有限，比如在火车站这些人多的地方经常会出现有信号但上不了网的情况，而 5G 则几乎没有连接人数限制，可以让更多的人同时在网上"快速冲浪"。4G 就像是一个小餐馆，容纳不了

北京 2022 年冬奥会开幕前夕，新型奥运版"复兴号"智能动车组从京张高铁清河站驶出。这趟列车上配有依托5G技术打造的超高清直播演播室。（刘慎库／摄）

太多人就餐，而 5G 则相当于一个超级大酒店，再多的顾客来光临，它也能够"妥妥"招待。

5G 带给高铁的惊喜

我们的高铁已经够快了，现在又有了 5G 前来助力，那么 5G 在高铁中都有哪些应用呢？

无线电对讲机是铁路上一种传统的通信设备，它的信息传输能力十分有限，而且容易受到环境影响，常常出现传输不及时甚至中断的现象，这对铁路运营安全的影响非常大。高铁使用 5G 技术后，通信变得更稳定，传输速度变得更快，传输的信息也变得更多、更丰富。通过 5G 通信技术，铁路管理人员能够实时掌握列车运行及作业情况，发现问题及时处理，尽可能避免事故的发生。

5G 还能够实现列车与列车之间的通信，让列车之间能够相互"聊天"。比如一列高铁列车运行到哪个位置了，速度是多少，都可以通过 5G 信号来实时告诉其他列车。这样在遇到突发情况的时候，附近的列车就能提前掌握"情报"，及时减速停车，防止事故的发生。根据列车之间实时的"聊天记录"，还可以培养列车的感知能力，让列车"活"起来，从而实现列车自动驾驶以及虚拟编组（列车与列车之间不需要使用车钩就可以组合在一起运行）。

要说铁路 5G 技术的最大受益者，其实还是我们旅客。当火车站内都覆盖 5G 网络的时候，我们再也不会遇到在火车站里没有信号的情况了。当铁路沿线、高铁列车上都覆盖 5G 网络的时候，我们可以边坐高铁边"上网冲浪"，在旅途中再也不会无聊了。当高铁和 5G 相结合，无论列车开到哪儿，我们的手机信号都是满格，网速永远都像高铁一样快！

不是我太"菜"，是高铁上的网络太卡了！

别想找借口，这可是 5G 信号！"

5G开放

高铁 5G 信号太牛了，我终于赢了一局！

哦耶！

2 计算机视觉，高铁上的"火眼金睛"

你知道吗？高铁上的许多设备其实都长了"眼睛"呢！它们在"科技"这个炼丹炉中进行磨炼，通过使用计算机视觉技术，炼成了"火眼金睛"。

拥有"透视眼"的安检机

高铁列车对旅客随身携带的物品有非常严格的要求，像汽油、鞭炮等危险品都是被禁止带上车的。不过每天乘坐列车的旅客成千上万，行李量巨大，如果其中有危险品，想要靠人工来发现它们，可不是一件容易的事情。

为了解决这个问题，科研人员应用计算机视觉技术，给车站的安检机安装了具有透视功能的"眼睛"，也就是利用 X 射线进行透视，来观察旅客的包内都装了什么东西。

安检是高铁站以及其他轨道交通场所平稳运行的前提，关乎每一位乘客的生命安全。违禁品探测门，让乘客轻松过安检，让安全与速度同行。

然而，安检机光有"透视眼"还不够，它还要能认识危险品。因此，每一台安检机都经过了严格的训练，它通过对样品进行学习，来认识不同的危险品。这就像大人教小孩子识物一样，经过反复训练，孩子自己就能认识不同的物品了。

　　经过训练后的安检机，凭借它的"火眼金睛"，就能够准确地找到危险品，让我们的高铁旅行变得更加安全。

不会"脸盲"的检票机

　　高铁车站的检票机非常厉害，它能够知道每一位旅客都是谁，而且它还没有"脸盲症"，不会出现认错人的情况。

　　在我国高铁站的每一台检票机上，都安装了人脸识别系统。在我们检票的时候，它会用"眼睛"仔细地扫描我们，然后将我们的身份证信息和它"大脑"中的记忆进行精确比对。当检票机认出我们，并确认我们已经购买车票的时候，它就会打开闸机门，允许我们进站。

高铁中巡逻警戒的卫士

　　在高铁站这样人多拥挤的地方，一旦着火，如果不及时发现并扑灭的话，火势很容易蔓延，后果不堪设想。但是一座这么大的车站，想要单靠人来做到无死角盯控，可不是那么容易的。

　　于是，人们就在车站内安装了很多长了"眼睛"的消防水炮，它们一天24小时不间断地监控车站的每一个角落，全天候自动"巡逻"。如果车站内某个地方出现了火苗，消防水炮就能够准确识别，瞄准起火的地方，快速喷水灭火，做到防患于未"燃"！

　　除了车站内，高铁沿线也是有"重兵"把守的。如果有无关人员或者异物侵入高铁线路，很容易和列车发生碰撞，这会对列车运行带来很大的安全隐患。所以，在高铁站台和沿线安装了很多具有识别功能的监控摄像头，它们会时刻警戒监控。当闲杂人员或者异物侵入线路的时候，监控系统会及时报警，并通知铁路工作人员和警察前来处理。

3 智能动车组，高铁列车中的"智多星"

号外，号外！在"复兴号"家族中，出现了一群了不起的家伙。这些家伙可不一般，它们比普通动车组更加智能和先进，我们把它们称为高铁列车中的"智多星"，它们就是"复兴号"智能动车组。

"复兴号"智能动车组长什么样子？

和普通动车组相比，"复兴号"智能动车组的外观更加炫酷，车头更加圆润流畅，运行时受到的空气阻力更小。

走进"复兴号"智能动车组的车厢内，你会感觉到满满的惊喜，因为这里设施完备，功能全面，而且到处都科技感十足。

"复兴号"智能动车组内采用的配饰看起来实用美观，灯光打在车厢内让人感觉十分舒适惬意。智能动车组的座椅比普通动车组更加舒适，

"复兴号"智能动车组科技感十足，5G全通，在车上看视频绝对不卡，办公也完全没问题，简直太炫了，可以媲美飞机的商务舱！

全车覆盖了 5G 高铁移动网络，并且在每个座椅的背后还都设置了 USB 充电插口。在每一列智能动车组的餐车内，还贴心地设置了自动售货机，如果想要吃什么零食，随时都可以方便地购买。

坐着智能动车组出行，我们可以将手机连上高速移动网络，买到美味的零食饮料，尽情畅快地在列车内上网看电影，享受一场快乐无比的高铁旅行。

现如今，在"复兴号"智能动车组的这个圈子里，已经有了很多成员，有运行在京张高铁上的 CR400BF-C 型智能动车组，有往返于北京和雄安的 CR400AF-C 型智能动车组，还有驰骋在全国其他高速铁路上的 CR400AF-Z、CR400BF-Z 等多种不同型号的智能动车组。智能动车组的出现，让我们的旅途变得更加方便，乘坐高铁出行也变得更加舒适。

"复兴号"智能动车组聪明在哪里？

大家都说"复兴号"智能动车组是一个"智多星"，那么它到底聪明在哪里呢？

首先，它拥有列车自动驾驶的功能。智能动车组在运行的时候，可以不需要司机来操纵，它会根据接收到的指令，进行智能分析和处理，自己发车并控制行驶速度。当列车到站的时候，它也能够自动减速停车、自动打开车门，这可让高铁司机轻松了不少呢。

在智能动车组的车厢内，列车的空调、照明等设备也都实现了智能自动调节。当车内温度太低的时候，列车会为我们调高空调温度；当车内太昏暗的时候，它也会为我们点亮明灯。这么一看，我们的智能动车组还是一位贴心"大暖男"呢！

除了会照顾旅客，智能动车组对自己的"身体状况"也是了如指掌。在"复兴号"智能动车组上，安装了几千个传感器，它们会实时监控列车的健康状态，一旦有地方出现了故障，列车自己就能第一时间发现并分析，从而为之后的处理和检修提供方便。

4 磁悬浮列车，贴地飞行的火车

居然有不需要车轮就能飞驰的火车，你见过吗？它能飘在轨道上面，好像在飞行一样。你知道这是一列什么火车吗？它是怎么做到贴地飞行的呢？

什么是磁悬浮列车？

这种能够做到贴地飞行的火车，叫作磁悬浮列车。和在钢轨上用车轮前进的列车不同，磁悬浮列车不使用车轮，而且它运行的轨道十分平整，上面并没有铺设钢轨。磁悬浮列车在运行的时候，总重约60吨的车体（大约50辆汽车加在一起的重量）会离开地面，悬浮在轨道上方10毫米处，不和轨道发生直接接触。

磁悬浮列车之所以能够悬浮于轨道上，是因为它运用了磁铁"同性相斥，异性相吸"的原理，车体悬浮的力量来自超强的磁场。磁悬浮列车的轨道在通电之后，会产生电磁力，能够让磁悬浮列车悬浮在半空中，而磁悬浮列车内直线电机产生的电磁力，能让列车向前或向后行驶。

截止到2020年，世界上开通运营的磁悬浮铁路一共有5条，其中仅我国就有3条。这5条磁悬浮铁路分别是：上海磁浮列车示范运营线、长沙磁浮快线、北京地铁S1线、日本东部丘陵线和韩国仁川机场磁悬浮线。

磁悬浮列车有哪些优点？

磁悬浮列车最大的优点就是速度快。因为磁悬浮列车是悬浮着的，不会和轨道有直接接触，所以列车在运行的时候，受到的阻力更小，速度也就更快。我国正在研发的高速磁悬浮列车时速

> **铁路知识局**
>
> **直线电机：**直线电机是一种牵引传动装置，它能够让列车跑起来。直线电机不会像传统电动机那样发生转动，而是能够直接将电能转换成直线运动的机械能。

磁悬浮列车快得就像在陆地上飞行一样，人们看到两辆磁悬浮列车对开而过的时候，能够对几个词体会很深，例如"稍纵即逝""一眨眼的工夫"。

可达 600 千米，如果正式投入运营，它将成为世界上速度最快的地面交通工具。

　　由于磁悬浮列车和轨道之间没有摩擦，所以列车在运行时的能量消耗就比较少。同时，磁悬浮列车和我们的高铁列车一样，都是用电能来驱动的，所以它在行驶的过程中不会产生污染，十分干净环保。

　　磁悬浮列车悬浮于轨道上，速度能达到每小时 600 千米，这么快的速度，安全吗？其实，设计人员早就考虑到啦！磁悬浮列车在行驶的过程中，车辆底部像"手臂"一样的导向装置会抱住轨道，所以即使列车跑得再快，也不会冲出轨道；而且每一条磁悬浮轨道在同一时间内只允许一辆列车行驶，所以不会发生追尾碰撞事故。

　　另外，磁悬浮列车会给人非常舒适的乘坐体验。因为列车没有和轨道接触，所以列车在行驶过程中产生的振动比较小，运行起来十分平稳。

5 电子客票，高铁车票"隐身"了

以前在乘坐火车的时候，我们买完票都会得到一张小小的纸质火车票，只有出示车票后，才能够进站乘车。但是现在不同，我们只需要刷身份证，或者刷脸就可以乘坐列车，原本的纸质车票就像是消失了一样。那么火车票到底去哪里了呢？

火车票的诞生和在我国的发展

说起火车票，它的起源还得追溯到 19 世纪。1830 年 9 月 17 日，在英国利物浦至曼彻斯特的铁路上，诞生了世界上第一张火车票。当时的火车票上只印有站名，而乘车日期、发车时刻等信息都是由售票员手工填写的，所以售卖起来不是很方便。

1836 年，英国米尔顿车站的站长托马斯·埃多蒙桑设计了一种新型火车票，被称为"埃多蒙桑"式车票。"埃多蒙桑"式车票长得像一张小卡片，并且由专门的设备来印刷车票信息，售卖起来方便多了。

"埃多蒙桑"式车票一经问世，就受到了各大铁路公司的欢迎，不久之后就风靡世界了。直到现在，还有一些国家的铁路仍旧在使用"埃多蒙桑"式车票。

在很早以前，我国火车票采用的就是"埃多蒙桑"式车票，它也被称为硬板式车票。当时，每一名售票员的桌子上有一个盒子，里面装满了提前印好到站和车次信息的车票。售票员会根据乘客的需要，从盒子里面找出对应的车票，然后用印章盖上当天的日期和车次。

1997 年，我国铁路开始全面使用软纸式红色火车票。这时候

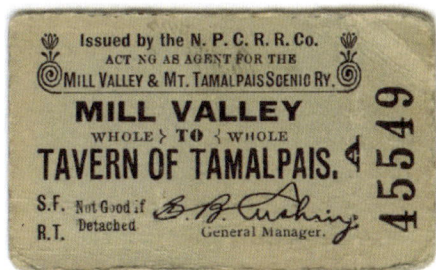

"埃多蒙桑"式车票

早期，火车站是购买车票的唯一渠道。

的火车票不再需要提前印刷，也不需要盖章，都是在售票窗口现场打印并出售。

2008 年，我国铁路正式使用新型蓝色磁卡式火车票。这种车票在打印的时候，打印机会向车票内植入和购票相关的磁性信息和热敏信息。这样在检票的时候，检票机就可以自动识别车票信息。

小火车票也有大麻烦

因为火车票又小又不起眼，所以很容易丢失。当要查验车票的时候，如果发现车票找不到了就会特别麻烦，掏钱补票是小事，有时甚至无法上车，这就会影响自己的行程。

除了火车票容易丢失外，打印火车票还会消耗大量的纸张。全国每天有几百上千万人乘坐火车，给每位旅客都打印车票的话，一年下来就要打印几十亿张车票，这个数字可是大得惊人。

高铁车票"隐身"了

我们现在乘坐火车出行的时候，购买车票后不会再拿到纸质车票了，取而代之的是我们手机上的电子客票二维码。那么纸质车票到底去哪里了呢？难道它消失不见了吗？

其实车票并没有消失，而是"隐身"了。我们在乘坐高铁列车的时候，同样需要出示车票，只不过车票已经和我们融为了一体。高铁车票之所以能够隐身，还要归功于电子客票的实行。目前我国所有的高铁线路以及普速铁路都实行了电子客票。

电子客票就是将车票信息以数据的形式存入计算机，然后和我们的身份信息进行绑定，就像是学校的校园一卡通（只需要在机器上刷一下，就能够把你认出来，让你进入校园）。当要查验车票的时候，我们只需出示身份证或者手机二维码，检票机就会将身份信息和铁路系统内的购票信息进行比对，匹配成功后就完成了验票。

电子客票不仅减少了纸张浪费，也让旅客不会再遇到车票丢失的情况。而且，我们在进出车站的时候，只需要轻轻刷一下身份证或者手机二维码就可以完成验票，真是既方便又快捷。

有了电子客票，再也不用担心会弄丢车票了！

身份证＋手机＝走遍天下！

6 高铁时代，高铁改变着我们的生活

亲爱的小读者，自从我国进入高铁时代，我们的生活就发生了翻天覆地的变化。那么究竟有哪些变化呢？

快捷舒适的旅客出行

在 20 世纪，简陋的绿皮火车在蒸汽机车的牵引下缓慢地行驶着，车内破败的风扇吱吱地在车顶来回摇晃着"脑袋"。乘坐火车对于当时的人们来说有时是一件非常痛苦的事情。夏天的时候，由于车厢内没有空调，闷热的环境让人感觉像是在蒸笼中一样，豆大的汗珠啪啪地往下掉，就算是打开了窗户也无济于事。冬天的时候，刺骨的寒风会从车窗缝隙中钻进车厢，让人瑟瑟发抖。对于长途旅客来说，可能需要在这样的车厢内待上几天几夜才能到达终点。即便如此，当时还经常出现火车票一票难求的情况，不少身处他乡的异客只能忍受思乡之苦。

随着高铁时代的到来，旅客再也不用忍受乘坐绿皮火车的那种艰苦。我国的铁路线上，虽然还保留着一些绿皮火车，但是这些在运行的绿皮火车，也大都进行了换代升级。绿皮火车的存在，更多的是象征着中国记忆。

现在的每一列高铁列车内，都有柔软的座椅、宽敞的空间、舒适的温度，每一次的高铁出行都变成了一场曼妙的旅行。飞速疾驰的高铁列车，让许多原本看似遥不可及的城市变得近在咫尺，曾经十几二十个小时的行程现在只需要几个小时就能到达。随着大量高铁列车的开行，以前火车票一票难求的现象得到有效缓解，曾经难挨的思乡之苦也变成了遥远的回忆。

高效畅通的货物运输

曾经的铁路运输能力非常紧张。由于铁路网规模小、线路里程短，

进入高铁时代，人们的生活发生了翻天覆地的变化。

同时又要开行大量的旅客列车来满足旅客的出行需求，不少货物列车只能被迫在沿途等待甚至停运，这便导致了那时候铁路的货物运输效率非常低下。

随着高铁的修建与开通，越来越多的铁路实现了"客货分离"，高铁列车逐渐代替了原本普速铁路上的绿皮火车，这给货物列车的运行腾出了更多的时间和空间。货物列车数量更多了，运行速度更快了，铁路货物的运输效率也就变得更高了。

铁路知识局

客货分离：旅客列车和货物列车的运行速度差异很大，并且对线路的要求也不同，所以让它们分别行驶在不同的轨道上，可以让铁路运输变得更加安全高效。

同时，随着高铁快递业务的开通，不少高铁列车都加入了快递包裹运送的大军。高铁快递服务范围广泛，遍及全国数百个城市。你还在发愁你

不瞒你说，我早上刚坐高铁从海里来！

好新鲜的鱼！

啪！

高铁极速达、冷鲜达、定温达、定时达……这服务也太贴心了吧！

复兴号

的快递不能尽早送到你的手上吗？不用担心，有我们的高铁列车出马，你的快递就能够以每小时 350 千米的超高速向你飞驰而来。

欣欣向荣的经济发展

我国幅员辽阔，物产丰饶，每个地方都有各自独有的美景和特产。曾经由于交通不便、信息闭塞，不少偏远地区很难与外界进行密切的沟通，这导致了资源的闲置与浪费，让当地的经济发展陷入了困境。

俗话说得好："要想富，先修路。"高铁让城市相连，让天涯咫尺。高铁的建设不仅让城市发展得更加迅速，同时也让乡村获得了经济发展所带来的红利。随着高铁的开通，城市之间人才和物资的流动变得更加频繁，这让原本不同城市之间的交流变得像在同城一般，为经济的共同发展注入了强劲的动力。对于很多高铁沿线的乡村或景点来说，高速铁路更像是它们的一条致富之路，它让地方特产能够卖到更远的地方，让前来观光的游客越来越多。高铁让越来越多的偏远地区摘掉了贫困的帽子，人们的生活变得富裕起来，到处呈现出欣欣向荣的美好景象。

7 高铁强国，中国高铁的未来发展

　　发展交通运输是一条能够让国家变得更加富强的道路，而发展高速铁路则能让交通运输变得更加发达畅通。现如今的中国高铁，已经成为世界上规模最大、运行速度最快、通达程度最高的高铁系统，这离不开科研人员和建设工人在背后的默默付出，也离不开所有铁路一线职工的勤劳奉献。既然中国高铁都这么牛了，那么以后还会有更进一步的发展吗？未来的中国高铁蓝图会是什么样子的呢？

更加宏伟的路网规模

　　截止到 2022 年底，我国的高速铁路总里程达到 4.2 万千米，规模如此巨大的高铁网络，在世界其他国家看来已经非常不可思议。但是你知

道吗？我国未来的高铁网络还将变得更大、更密呢！

根据我国的规划，等到 2035 年的时候，全国高铁网总里程将达到 7 万千米左右。7 万千米到底有多长呢？这个长度是京沪高铁的 53 倍，可以绕地球赤道一圈半还多呢！

更加方便的高铁出行

如今的中国高铁，已经覆盖了全国绝大多数的大中城市。只需购买一张高铁车票，我们就可以穿过沙漠戈壁，领略高原冰山，跨越河流湖泊，游览草原森林，尽情享受祖国的山河美景。

在我国的高铁蓝图中，到 2035 年，全国人口在 50 万以上的城市都将会有高铁通达，几乎做到市市通高铁。与此同时，我国 1、2、3 小时高

拥有世界上最大的高铁网络，是中国基础建设成就的一座丰碑。（刘慎库 / 摄）

铁出行圈正在逐渐形成，到时候只需要喝一杯茶、看一部电影的时间，我们就能够抵达更多目的地。

更加先进的技术装备

随着高铁列车制造技术的发展，越来越多的新型动车组列车闪亮登场，动车组家族在不断壮大。为了让列车能够跑得更快，我国正在加紧研制新一代更高速度的动车组。相信在不久的将来，列车以超过每小时400千米的速度在轨道上飞驰的场景一定会成为现实。

除了动车组以外，今后的中国高铁还将应用更多的先进技术和装备。安全高效的盾构机和力大无穷的架桥机将为高铁建造添砖加瓦；平顺坚固的无缝钢轨和精益求精的无砟轨道将为列车高速平稳运行奠定基础；智能可靠的调度系统和实时准确的票务系统将为高铁运输组织维护秩序；高速顺畅的5G网络和自主研发的北斗卫星导航系统将为列车运行安全保驾护航。

更加节能的高速铁路

高铁不仅速度快，舒适性好，更是一种节能环保的交通工具。在行驶相同距离的情况下，高铁列车的能耗为大客车的50%左右。而对于飞机来说，高铁的能耗甚至只有它的18%左右。所以，出行如果选择乘坐高铁，就相当于为节能环保做出了一份贡献。

在今后，一座座用环保材料建造，能够做到节能减排的高铁车站将拔地而起；一列列运行能耗更低，可以实现能源再生利用的高铁列车将投入运行。未来的中国高铁将成为环保事业中的排头兵，让社会经济的发展与自然环境的保护融为一体，我们的世界也将因此变得更加美好。

高铁好神秘

1. 高速铁路上的信号机为什么消失了?

我们知道同一条铁路上会有多列火车同时运行,它们之间必须有一定的间隔,否则会发生追尾事故。这段间隔就是闭塞区间。

在普速铁路上,人们通过信号机来控制列车之间的间隔,列车根据信号机的指示来运行。

而在高速铁路上,信号机消失了,这是为什么呢?

高速铁路上的列车数量很多,速度很快,前后列车发车间隔时间很短,最短只有 3 分钟。信号机已不能满足列车的行车要求,一种新的技术诞生,那就是列车运行控制系统。随着技术的发展,列车运行控制系统可以做到实时动态调整列车的运行速度和制动状态。

当两列高铁列车在运行时,后面追踪的列车会把前面列车所在闭塞分区的入口作为停车点,并在保证不会和前面列车追尾的情况下,实时计算运行速度并更新需要开始刹车的位置。

列车运行控制系统在保证列车运行安全的情况下,进一步缩短了列车的追踪间隔,让高速铁路的运输效率得到了很大的提高。

2. 如何在几百千米外远程操控高铁车站?

在我国的高铁网络中,有上千个高铁车站,但并不是每一个车站的设备都由该车站的工作人员来控制,一些小站的设备是由列车调度员在几百千米外的调度所内远程控制的。列车调度员和车站相距这么远,他们是怎么做到远程操控车站的呢?

我国高铁拥有一套非常先进的调度系统,叫作"分散自律调度集中系统",英文缩写是 CTC(Centralized Traffic Control)。CTC 系统具有高度智能化和自动化的特点,它就像是一位掌控全局的军师,能够做到运筹帷幄之中,决胜千里之外。

通过 CTC 系统,列车调度员能够远程操控,向几百千米外的车站"发号施令"。车站会根据调度员的命令,自动执行各种操作,例如完成道岔的转换等。

为什么被称为"分散自律调度集中"?

之所以被称为调度集中,是因为 CTC 系统可以对管辖范围内所有车站进行集中管理,并对所有列车进行直接指挥。列车调度员只需要依靠眼前的电脑,就能把一条铁路管理得井井有条。

分散是相对于集中来说的。CTC 系统能够集中控制所有车站,但当发生通信中断等意外情况时,列车调度员无法远程控制车站的时候,车站也能够自己掌握控制权限,这让高铁的调度指挥变得更加灵活。

正因为有世界领先的运行管理体系、调度组织体系,有非常完善的信息系统、调度指挥系统做技术支撑和保障,动车组才能安全有序地把旅客送到目的地。(sanict / 摄)

自律是指 CTC 系统可以根据每个车站本身的作业特点和规则，自动协调不同设备在工作中出现的矛盾，从而更加科学合理地完成作业组织。

3. 轮轨动车组现在到底能跑多快?

你知道现在的轮轨高铁列车到底能跑多快吗? 看看这些世界纪录你就明白啦!

世界轮轨列车最高试验速度纪录

法国作为高铁大国，创造了目前世界轮轨列车最高试验速度纪录。

2007 年 4 月 3 日，法国的 TGVV150 型高速列车在巴黎至斯特拉斯堡高速线上，跑出了每小时 574.8 千米的世界轮轨列车最高试验速度纪录，这个纪录到现在也没有被打破。

世界铁路运营试验最高速度纪录

2011 年 1 月 9 日，采用 12 辆特殊编组的 CRH380BL 型动车组在京

CRH380BL 动车组列车，曾被称为钢轨上的"星级酒店"。

沪高铁上，创造了每小时 487.3 千米的世界铁路运营试验最高速度纪录。

不同于法国 TGV 列车每小时 574.8 千米的速度纪录，我国的这个纪录是在实际运营的铁路上创造的，虽然比 TGV 列车慢了不少，但是同样也是世界第一呢。

滚动台试验世界最高纪录

2014 年，我国一列绰号为"青铜剑"的更高速度试验列车进行了高速试验，它在滚动试验台上的最高速度达到了每小时 605 千米，创造了滚动台试验世界最高纪录。

在这个试验中，滚动试验台其实就相当于一台火车跑步机，"青铜剑"列车在跑步机上小试牛刀，并没有在真实的铁路环境中进行高速试验。

4.什么是高铁的"一日一图"？

现如今，"一日一图"这个词我们见得越来越多了，那么高铁的"一日一图"到底是什么意思呢？

高铁"一日一图"中的"一日"就是一天、每天的意思，而"一图"就是一张列车运行图，所以高铁"一日一图"就是指高铁上每天都有一张新的列车运行图。

为什么需要"一日一图"？

在我国，每天要乘坐高铁列车出行的旅客数量是不同的，例如在工作日出行的旅客通常会比较少，但是一到周末或者节假日，大家就会争先恐后地外出游玩。

如果出行的旅客比较少，那么铁路部门就不需要开行太多的旅客列车，因为每多开一列车就会需要更多的工作人员，造成资源浪费。

相反，如果旅客很多，那么铁路部门就需要及时地加开旅客列车，争

高铁列车一般都在0点左右结束运营，在0点到6点之间是没有班次的，铁路部门在此期间会对线路、列车进行保养和维护，业内称之为"天窗期"。但为应对春运高峰期大客流，他们也会利用夜间不跑车的"天窗期"开行高铁临时旅客列车，安排高铁在凌晨运客。

取满足所有旅客的出行需求，把大家都安全准时地送到目的地。

正是因为每天需要开行的列车数量会发生变化，对应的列车运行图就会发生改变，所以也就产生了"一日一图"。

5. 如何在高铁列车上吃到美食？

咦，快用你灵敏的鼻子闻一闻，高铁车厢内是不是有一股饭菜的香味？哦，原来是旁边的小哥哥在吃饭啦。什么？你也想吃吗？在开吃之前让我考考你：你知道怎样才能够在高铁列车上吃到美食吗？

健康美味的高铁盒饭

高铁列车上的盒饭是由大厨提前制作完成后，通过冷链打包送上列车的。每一份高铁盒饭从食料加工、制作、包装、储藏，再到运输，整个过程都受到严格的把控，这能够保证所有盒饭都是干净卫生的。

当你在高铁列车上想要吃一顿热气腾腾的美食时，你可以打开手机，扫一扫座椅上的二维码进行在线点餐。高铁盒饭的价格从 15 元到几十元不等，宫保鸡丁、梅菜扣肉、红烧牛肉、鱼香肉丝……美食种类繁多，物美价廉，营养丰富。在我们完成点餐之后，列车餐服员就会亲自把热气腾腾的美食送到我们手中。

来点一份高铁外卖吧

如果你不喜欢吃高铁盒饭，那也不用担心哟。现在很多高铁车站都提供了高铁外卖服务呢。

如果你想点一份高铁外卖，只需要提前在"铁路 12306"手机 APP上，像正常点外卖一样完成点餐，并选择好配送的车站就可以了。当列

车到达配送车站时，就会有送餐员将你所点的外卖通过列车餐服员，送到你的手中。

高铁列车上的自动售货机

如果你在高铁列车上想吃薯片、饼干等小零食，却迟迟等不到餐食小推车过来的话，该怎么办呢？

不用担心，动车组上也安装了自动售货机！动车组上的自动售货机和普通自动售货机一样，我们选择完商品后，只需利用手机扫码付款，就可以买到心仪的零食了。

6.有了高铁，未来还需要绿皮火车吗？

现在，每当要外出旅游或出差的时候，我们大都会首选乘坐高铁，因为高铁列车既方便又快捷。传统的绿皮火车由于速度慢、环境差、舒适性低，逐渐不再受到大家的青睐。但即便如此，慢慢悠悠的绿皮火车也不会被淘汰，你知道这是为什么吗？

偏远地区的致富列车

虽然我国拥有世界上规模最大、通达程度最高的高速铁路网，却还是有很多小型城市和偏远地区没有开通高铁。这时候，绿皮火车就成为当地人们出行的重要交通工具，它连接着城市与农村，承载着致富的希望。

高速铁路的修建成本非常高，再加上在我国的山区和不少偏远地区，高速铁路的修建难度也非常大，这时候绿皮火车的作用就体现了出来。绿皮火车行驶在蜿蜒曲折的山间铁路上，将山里的农副产品送往全国各地，成为偏远地区人们的致富列车。

相对便宜的票价优势

绿皮火车的速度虽然比高铁列车慢很多，但是它的票价便宜了不少。

绿皮火车渐渐淡出了人们的视野，越来越多的人更愿意选择高铁出行。（罗春晓／摄）

有些人在出行的时候，会选择绿皮火车而不是高铁，因为这样能够为他们省下不少钱。

在大凉山深处的成昆铁路上，运行着一对公益慢火车，它就是5633/5634 次列车。这对列车单程运行里程 376 千米，总耗时近 10 个小时，但最高票价只有 26.5 元，最低票价仅 2 元，它也因此成为当地百姓的"公交车""通勤车"和"致富车"。

宝贵的铁路车辆资源

目前，我国铁路拥有的绿皮火车车厢数量超过了 7 万节，这个数字比动车组车厢数量的两倍还要多。虽然我们有了更加先进的动车组，但是绿皮火车同样是一种非常重要的铁路装备，我们还是需要充分利用这些车厢，避免资源浪费。

7. 有了高铁，内燃机车会退役吗?

现在的铁路线上大都被安装上了接触网，高铁动车组和电力机车的数量越来越多。曾经冒着黑烟，"轰隆轰隆"咆哮的内燃机车逐渐消失了身影。随着蒸汽机车在我国的全面退役，内燃机车会不会也退役呢？答案是：不会的！

内燃机车能派上什么用场?

别看内燃机车噪声大、跑得慢，它在我国铁路上却发挥着非常重要的作用。

我国有很多铁路没有实现电气化，这时候电力机车是没有办法正常工作的，只能让内燃机车来干活。此外，一些地方是不允许安装接触网的，比如车站的货场、编组站的调车场，这时候就只能派内燃机车上场工作了。

内燃机车对于一个国家来说还拥有重要的战备意义，在发生战争的时候，内燃机车需要承担起运送人力和物资的重任。

内燃机车还具有应急救援的功能。在接触网发生故障断电的时候，内燃机车就需要上场救援了。

8. 什么是"复兴号"内电双源动车组？

当当当，"复兴号"家族迎来新成员啦！别看这款新型动车组长得和普通"绿巨人"动车组（一款通体绿色的"复兴号"动车组车型）没什么太大的区别，它却拥有一门我国其他所有动车组都没有的独门秘技，那就是"内电双源"。

什么是内电双源？

内电双源指的是动车组采用内燃和电力两种动力牵引方式，它既可以烧油，也可以用电。

普通的"复兴号"动车组都只能通过接触网供电才能运行，而这款内电双源动车组除了能够从接触网接收电能外，还可以通过柴油机发电来运行。

这款动车组之所以这么特殊，是因为它被用于青藏高原地区。青藏高原的气候条件十分恶劣，自然灾害

铁路知识局

为什么一些地方不安装接触网？

车站货场、编组站调车场一般是不安装接触网的，因为这里需要进行车辆的调车作业，股道上经常会有作业人员，如果安装接触网的话，容易发生触电事故。

2021年6月25日，拉萨—林芝铁路开通运营，"复兴号"高原内电双源动车组首次开上青藏高原，历史性实现"复兴号"对31个省区市全覆盖。（罗春晓／摄）

频发，在这种环境中很容易出现接触网停电的情况。内电双源列车在正常行驶的时候，可以通过受电弓从接触网获取电能，而在接触网停电时，可以立即启动内燃装置，实现紧急自我救援。

　　动车组采用内电双源的设计后，能够在我国任意一条铁路上正常行驶。就算是没有接触网的铁路，新型动车组同样可以跑起来，而其他"复兴号"动车组可就只有羡慕的份咯！

这款新型动车组有什么特点？

　　在造型上，这款新型动车组的车体采用了胖嘟嘟的"鼓"形，车体内部空间更加宽敞。在编组上，列车由3节动力车和9节拖车构成，列车一端为一台电力动力车，另一端为两台内燃动力车。在车内设施上，为了确保列车在高原地区运行时旅客的健康安全，列车内增加了供氧设备。

在座席类别上，相比于普通"绿巨人"动车组仅有一等座和二等座，这款新型动车组还增加了豪华的商务座，给旅客提供了更丰富的出行选择。

9. 没有轨道和列车的高铁站长什么样子？

快说说看，你认为一座高铁站一定会有哪些设备呢？嗯，它是不是应该要有轨道和列车？不过说出来你可能不信，有一种高铁站非常独特，因为它既没有轨道，也没有列车。

什么是高铁无轨站？

在我国的一些地区，由于位置偏僻或者地形复杂，并没有开通高铁线路。铁路部门为了让这些地区的人们也能够坐上高铁，专门设置了一种特殊的高铁站，叫作高铁无轨站。

高铁无轨站，就是没有轨道和列车的高铁车站。虽然没有轨道和列车，但是高铁无轨站的其他功能是非常完善的。旅客可以在高铁无轨站完成购票、取票，并在站内进行候车。

为了能够让旅客按时登上列车，在高铁无轨站和实际高铁列车停靠的车站之间，会专门加开接驳班车，通过班车将候车旅客转送到实际的高铁车站。

高铁无轨站是广西壮族自治区的一大创举。2016 年 12 月 19 日，全国首个高铁无轨站在广西百色市凌云县正式启用。凌云县也由此成为全国首个没有高铁线路经过，但成功融入全国高铁网的地区。

10. 磁悬浮列车真的有辐射危害吗?

磁悬浮列车可真牛啊,它不需要任何物体支撑,就能够悬浮在轨道上,做到贴地飞行。不过正是由于磁悬浮列车实在太厉害了,有些人甚至对它产生了恐惧,认为磁悬浮列车会产生巨大的辐射。那么,事实真的像他们所担心的那样吗?

由于磁悬浮列车是通过电磁原理让列车在轨道上悬浮起来的,所以有些不了解电磁技术的人就开始担心,认为磁悬浮列车会产生大量的辐射,而且觉得这种辐射不仅会干扰手机、电视的信号,还会对人的身体产生危害。

其实,电磁辐射的本质是电磁波,世界上任何物体都会发出电磁辐射,小到一颗石子,大到一幢房子,世间万物无时无刻不在向周围发出辐射。

根据科学家的实际测算,磁悬浮铁路沿线 10 米外就几乎没有磁悬浮列车发出的电磁辐射了。有学者研究指出,即使我们坐在磁悬浮列车上,受到的辐射量也只相当于平时使用手机时受到的辐射量。

所以,乘坐磁悬浮列车可不用担心有辐射危害。

11. 什么是高速铁路的联调联试?

每一条新建高铁线路在开通之前,都要经历一场严格的"大考",这场"大考"叫作联调联试。联调联试过程是否顺利,结果是否令人满意,决定了高铁能否按时地开通运营。那么你知道到底什么是联调联试吗?联调联试都需要干什么呢?

所谓联调联试,其实就是在高铁开通前对整条线路进行的一次全面检测。为了完成联调联试,会有各种检测车辆、设备,如大名鼎鼎的高铁"黄医生",对高铁的轨道、接触网、通信、信号等各项基础设备设施进行测试。同时，检测人员还需要对高铁中的防灾监控、运营调度、车站服务等系统和作业过程进行调试和模拟运行。

在联调联试期间，检测人员如果发现了什么问题或者安全隐患，就会立刻进行调整完善，直到达到列车正常、安全、高速的行驶要求，以及铁路正常运营的要求。一条新建的高铁在完成联调联试后，就正式进入了开通倒计时。

12. 和普通火车站相比，高铁站有哪些特别之处？

一说到火车站，我们在生活中习惯于把它们分成"普通火车站"和"高铁站"，那么你知道对于普通火车站来说，高铁站都有哪些特别之处吗？

小到日常出行方式，大到城市发展格局，无一例外都有高铁的影子。我们已经很难想象一种没有高铁的生活了。

更加别致的车站风格

对于我国的高铁站来说，它们不同于传统火车站那种古朴简约的建筑风格，每一座城市的高铁站几乎都留有这座城市本身的印记。例如，在成都东站的正面，有两个独特的"三星堆"青铜面具造型，体现了成都的古蜀文化。再如，广州南站采用了芭蕉叶为造型的站房设计，体现了广东岭南文化特色。

更加便捷的交通设施

为了尽可能方便旅客的出行，高铁站周围通常有完备的交通配套设施，比如公交站、地铁线等。而在一些大型高铁站附近，甚至还拥有机场，例如上海虹桥站。因此，高铁站也通常是城市的一个重要交通枢纽，为城市发展注入动力。

更加贴心的旅客服务

在我国的高铁站内，从旅客购票、进站、候车再到出站，各类服务设施时刻伴随在我们的身边。例如车站内巨大的车次显示屏、自助售票机、智能客服机器人、便捷的信息查询系统，它们都时刻在为旅客提供着贴心便利的服务。

更加舒适的候车环境

对于普通火车站，尤其是那些年代较为久远的老火车站来说，它们的内部结构会有较多不合理的地方，比如很难找到卫生间等，同时环境也可能比较脏乱。而高铁站在设计时非常为旅客着想，结构布局更加合理，并且为了保证车站环境卫生，时刻都有保洁人员进行打扫，只为给旅客提供一个舒适的候车环境。

13. 可以改变轨距的动车组长什么样子?

铁路的轨距有宽有窄，而一般的动车组只能在一种轨距的铁路上行驶。因此，对于我国和俄罗斯这样轨距不同的国家，动车组就无法实现跨国直通运输。随着一种新型动车组的诞生，也许在不久的将来，我们只需乘坐在一列动车组中，就能去世界各地旅游，这种新型动车组叫作可变轨距动车组。

我国的新型可变轨距动车组

2020 年 10 月 21 日，我国新一代时速 400 千米跨国互通可变轨距动车组正式问世。新型可变轨距动车组采用 8 节车厢编组，由 4 节动车和 4 节拖车组成，座席分别设置了商务座、一等座和二等座，总定员 576 人。

新型可变轨距动车组配合专用的"变轨距转向架地面变轨装置"，只需要 3 分钟的时间，就能在行进过程中自动完成轨距变换。通过改变轨距，新型动车组能够在全球绝大多数铁路上运行，真正做到跨国互联互通。

我国可变轨距动车组厉害在哪里？

可变轨距技术之前一直掌握在西班牙、日本等少数国家手中，并且他们不对外转让该技术。我国新型可变轨距动车组的问世，标志着我国也完全掌握了这项重要技术。新型可变轨距动车组的设计时速高达 400 千米，比普通的"复兴号"列车还要快，这有助于实现国与国之间更快的高铁运输。它能以时速 400 千米在 ±50℃的环境中运行，且能满足不同轨距、供电制式和铁路运输标准的要求，能够在全球 90% 以上的铁路线上行驶。相比于普通动车组，新型可变轨距动车组运行能耗更低，产生的噪声更小，堪称是动车组家族中的节能环保小能手。

14. 高铁怎样与环境和谐共处呢？

　　虽然高铁为我们的生活带来了很多便利，但是它也会带来一些环境问题，这些环境问题会给沿线的人们带来不少困扰。那么高铁所产生的环境问题有哪些呢？通过什么方法才能让高铁与环境和谐共处呢？

如何减小高铁列车产生的噪声污染？

　　看！高铁列车开过来了，快把耳朵捂起来呀，它产生的噪声可太大了，感觉要把耳朵给震聋了。

　　高铁列车之所以会产生这么大的噪声，是因为列车开得实在太快啦。列车在高速行驶的时候，车轮会和钢轨产生强大的冲击，车厢也会和空气发生剧烈的摩擦，这些都是高铁噪声的主要来源，而且列车的速度越

快，噪声就越大。

为了减小噪声污染，人们可是费了不少心思。在设计高铁的时候，工程师对列车和轨道的结构不断进行改良，以减小列车在行驶时产生的噪声。对于已经运营的高铁线路，人们会在轨道两侧各安装一块声屏障，来阻碍噪声的传播。

如何减小高铁列车产生的振动？

除了震耳欲聋的声音，高铁列车开过的时候还会产生剧烈的振动，感觉地面都在颤抖。这种振动会通过大地传播到周围的房子，让房子一

晋陕黄河特大桥，也被称为"高铁黄河第一桥"，全长 9969 米。这座桥跨越黄河，将山西和陕西连接在了一起。为了保护生态环境，不影响鸟儿的飞行，桥墩被特意抬高了 16 米，大桥两侧还设置了长达 7.5 千米的声屏障，造价达到了 19.1 亿元，也就是说平均 1 千米花费了 2 亿多元。（刘慎库／摄）

起发生振动。如果有人住在高铁附近的房子里，就有可能会受到振动的影响。

为了减小高铁列车产生的振动，列车的车体都使用了更轻的材料，让列车能够轻轻地从轨道上驶过。同时，高铁轨道的钢轨也被打磨得更加平整光滑，让列车行驶的时候如履平地，从而避免出现剧烈的振动。在高铁沿线，还会设置用来减小振动的隔振沟，减少振动的传播。

空气竟然也有如此大的威力

别看空气摸不到也看不着，但是当高铁列车速度很快的时候，空气巨大的破坏力可就体现出来了。

当高铁列车以很快的速度进入隧道时，隧道内的空气会受到剧烈的压缩，压缩波会以近似声速向隧道另一侧的出口传播，并在到达出口的瞬间冲出隧道，形成微气压波并发出巨大的爆破声。微气压波不仅会产生噪声，还能够让周围的房屋产生振动，给人们的正常生活带来严重影响。

为了减小微气压波产生的危害，高铁隧道的洞口大都修建得像一个"漏斗"，这个"漏斗"被称为缓冲棚，它能够减小隧道内空气的压力。在隧道内，还会设置很多通风井，来减弱隧道内气压的变化，从而减小微气压波。

15. 货物也能"坐上"动车组？

就在 2020 年，新型时速 350 千米"复兴号"货运动车组来啦！货物也拥有属于它们自己的高铁专列啦！

"复兴号"货运动车组有哪些功能？

"复兴号"货运动车组是一列专门为货物量身打造的高速动车组，它

北京动车段内蓄势待发的动车组

为 8 辆编组，其中包括了 4 节动力车和 4 节拖车，设计时速 350 千米。

"复兴号"货运动车组最大的特点就是在每节车厢的侧面，有一个 2.9 米宽的巨大车门，这是目前世界上最宽的动车组装载门，为货物装卸提供了方便。

在货运动车组车厢内的地板上，设置了很多滚轮，人们在车内搬运货物的时候可以利用滚轮推着货物前进，省劲多了。

把货物装进货运动车组的车厢后，车厢里面还有很多用来固定货物的锁扣，能够将放置于车厢内的货物牢牢固定。

货运动车组还配有很多不同尺寸的"盒子"，这些"盒子"被称为集装器具。在装货时，人们首先会把不同货物进行分类，装进不同的集装器具里，然后使用装卸机器把集装器具装入车厢中。这样一来，货物的装卸就变得更加简单方便。

"复兴号"货运动车组有哪些特点？

能耗小。货运动车组的车头采用了中华鲟骨骼线形的仿生学设计，不仅十分美观，而且能够大大降低列车运行时受到的空气阻力，减少列车运行能耗。

运量大。货运动车组内的装货容积超过800立方米，载重超过110吨。

效率高。货运动车组最高时速可以达到 350 千米，1500 千米以内的距离，不到 5 小时就可以到达，真正做到货物"极速达"！

16. 未来的超级高铁长什么样子？

未来的高铁还需要轨道吗？未来的高铁列车还有车轮吗？未来的高铁速度能超越飞机吗？未来的高铁到底会长什么样子呢？

未来的超级高铁都有哪些特点？

根据工程师的设想，未来的超级高铁列车不会在普通的轨道上行驶，而是会在一个又大又长的真空管道内运行。列车在真空管道内行驶时，不会受到空气阻力的影响，也不用担心速度太快导致出轨，我们想让它跑多快它就能跑多快。

未来的超级高铁列车不使用车轮。通过磁悬浮技术，未来的超级高铁列车将悬浮在管道中，运行的时候能够做到贴地飞行，看起来就像是一架管道内的飞机。

未来的超级高铁列车的运行速度会比现代飞机的速度快很多，甚至是你无法想象的快。超级高铁的最高速度预计可以达到每小时 2 万千米，是飞机速度的 20 倍！乘坐超级高铁，我们只需要 4 分钟就可以从上海到达北京，只需要 2 个小时就能够绕地球赤道一圈，完成一次极速环球旅行。

未来的超级高铁将更加环保。它不再需要接触网来供电，更不需要烧油，而是利用太阳能来发电，所以列车将有取之不尽、用之不竭的能量。

未来的超级高铁列车在长相上，也会发生巨大的变化。它或许不会再像现在的火车那样，有那么多节车厢了，而是只有短短的一小节，就像是一个胶囊，或者是一颗子弹，看上去更加小巧灵活。

　　怎么样？你期待未来的超级高铁吗？如果让你来设想，未来的超级高铁会是什么样的？

感谢以下摄影作者为本书提供照片：

刘慎库、罗春晓、杨诚、陈彦杰、贺程、黎熙、李相江、孟超、倪安辰、
申昊、王俊杰、翁童、袁博、张怡鹏

图书在版编目（CIP）数据

了不起的中国高铁 / 沈姚铭著. —福州：福建少
年儿童出版社, 2023.1（2025.4重印）
　　ISBN 978-7-5395-7817-0

　　I. ①了… II. ①沈… III. ①高速铁路 – 介绍 – 中国
IV. ①U238

中国版本图书馆CIP数据核字（2022）第020334号

LIAOBUQI DE ZHONGGUO GAOTIE

了不起的中国高铁

著　　者：沈姚铭
出版发行：福建少年儿童出版社
社　　址：福州市东水路76号17层（邮编：350001）
经　　销：福建新华发行（集团）有限责任公司
印　　刷：福州德安彩色印刷有限公司
厂　　址：福州市金山浦上工业园区B区42幢
开　　本：700毫米×1000毫米　1/16
字　　数：191千字
印　　张：13
版　　次：2023年1月第1版
印　　次：2025年4月第6次印刷
ISBN 978-7-5395-7817-0
定　　价：35.00元

如有印、装质量问题，影响阅读，请直接与承印者联系调换。
联系电话：0591-28059365